Ex Libris

Von Elke
für Elke
2024

5 4 3 2 1   28 27 26 25 24

978-3-649-64872-7

© 2024 Coppenrath Verlag GmbH & Co. KG,
Hafenweg 30, 48155 Münster, Germany
Illustrationen: © 2024 Marjolein Bastin
Textsatz und grafische Gestaltung: Daniela Lengers Grafik-Design, Laer
Redaktion: Charlotte Horvath, Katharina Heinrich
Printed in Latvia

Alle Rechte vorbehalten.
Die Nutzung des Werkes für das Text- und Data-Mining nach §44b UrhG
ist durch den Verlag ausdrücklich vorbehalten und daher verboten,
ausgenommen sind gemeinfreie Textstellen.

www.coppenrath.de

Fröhliche Weihnacht überall

Zauberhafte
Wintergeschichten und Gedichte

COPPENRATH

Inhalt

Winterwalt und Schneegestöber

Der Wald Schläft FRED ENDRIKAT	8
Wintertage in Graubünden HERMANN HESSE	9
Wintermorgen ALEXANDER PUSCHKIN	16
Das Schneeglöckchen ANTON FORSTENEICHNER	17
Weiß wie Schnee HANSJÖRG SCHNEIDER	19
Eisblumen SOPHIE REINHEIMER	21
Betrifft: Erster Schnee MASCHA KALÉKO	24

Kaminknistern und Kerzenschein

Die vier Kerzen VOLKSGUT	28

Unter dem Tannenbaum THEODOR STORM	30
Altes Kaminstück HEINRICH HEINE	43
Wie der alte Christian Weihnachten feierte PAULA DEHMEL	44
Angelo CLAIRE BEYER	58
Weihnachten JOSEPH VON EICHENDORFF	67

☆ Plätzchenduft und Weihnachtslieder ☆

Der Bratapfel EMILY UND FRITZ KOGEL	70
Plätzchenduft im ganzen Haus RITA FEHLING	71
Weihnachten in der Speisekammer PAULA DEHMEL	74
Oh du fröhliche ärgert sich CHRISTINE KLEIN	78

Peterchens Mondfahrt – Die Weihnachtswiese GERDT VON BASSEWITZ	81
Backen JULIUS KREIS	91

☆ Kindheitsträume und Weihnachtswunder ☆

Weihnachten THEODOR STORM	96
Das Wunder MARIE LUISE KASCHNITZ	97
Der doppelte Weihnachtsmann PAUL MAAR	105
Weihnachtswunder GUSTAV FALKE	111
Der allererste Weihnachtsbaum HERMANN LÖNS	112
Weihnachten am Meer REGINE KÖLPIN	120
Das Weihnachtsglühwürmchen BARBARA PRONNET	125

Silvesterglocken und Neujahrswünsche

Weihnachtswünsche CHARLES DICKENS	132
Zwölf mit der Post HANS CHRISTIAN ANDERSEN	133
Winter ROBERT WALSER	140
Wo die Kälte herkommt FRANZ HOHLER	143
Das neue Jahr GITTA EDELMANN	144
Neues Leben KURT TUCHOLSKY	145
Glücksbringer DORA HELDT	149
Quellen	152

Winterwald und Schneegestöber

FRED ENDRIKAT

Der Wald Schläft

Friedlich schläft der Winterwald.
Rauhreif glitzert auf den Fichten.
Märchen werden zur Gestalt,
und es leben Spukgeschichten.

Ruprecht steigt herab ins Tal.
Unter tiefverschneiten Tännchen
stapft der alte Rübezahl,
trippeln kleine Wichtelmännchen.

Brombeerstrauch und Seidelbast
schlummern an der Haselhecke.
Eichkatz träumt auf einem Ast
unter weißer Daunendecke.

Buchen ragen stark und alt
aus dem Schnee wie Patriarchen.
Friedlich schläft der Winterwald,
und man hört die Bäume schnarchen.

HERMANN HESSE

Wintertage in Graubünden

Von Klosters aus stieg ich an einem sonnenklaren, kalten Morgen die verschneiten Gassen und Matten hinan. Die Gipfel sprangen, einer nach dem anderen, ins milde Goldlicht des aufsteigenden Tages und lachten rosig in der milchigsanften Himmelsbläue. Im Dorfe war wenig Leben, die Engländer schliefen noch im Grand Hotel, die Kinder waren in der Schule; man sah nur da und dort einen Bauern mit Schlitten und Kuhgespann bergaufwärts fahren, um aus den hochgelegenen braunen Holzschuppen Heu zu holen, oder einen anderen, der ins Holz ging und seinen schweren Handschlitten an den hohen Hörnern nachschleppte.
Sonst kein Leben und kein Ton als das Knirschen meiner Sohlen auf dem gefrorenen Schnee und weit unten im Tal das kaum hörbare, entfernte Schnauben der Davos-Landquarter Eisenbahn. Langsam kam ich empor, über das Dorf hinaus und der Sonnengrenze näher, die mir unmerklich entgegenkam und nach der ich allmählich sehnlich begehrte, da mir Ohren und Hände steif und rot gefroren waren und weh taten. Der Weg war, obwohl nicht gepfadet, angenehm und wenig anstrengend, da der harte Schnee mich bequem trug und doch so viel nachgab, daß ich sicher und ohne Gleiten direkt aufwärts steigen konnte.
Zwei Raubvögel, vermutlich Turmfalken, kreisten hoch und feierlich umeinander, sonst war außer mir nichts Le-

bendiges mehr am Berge sichtbar. Aufatmend erreichte ich die höheren, von der Sonne beschienenen Schneematten. Hier herrschte kein Frost mehr, während ich noch vor einer Stunde in einer Kälte von zwölf Grad gegangen war. Aber nach kurzer Zeit war die Blendung so stark, daß ich die Schneebrille aufsetzen mußte. Über die steil geneigten, von der leuchtenden Schneedecke weich abgerundeten Hänge flutete das Licht des jungen Tages diamanten und festlich, spielte in jähen Irisfarben, lachte eisig und unerträglich auf glatten Flächen, füllte Mulden und Hangränder mit zarten, schön blauen Schatten. Reif und Eis schmolzen mir vom Schnurrbart, die Luft begann sich leise zu erwärmen, und ich hielt eine erste kurze Rast, um diese Herrlichkeit zu begrüßen und die beginnenden Freuden der Wintersonne vorauszukosten. Denn es gibt in der weiten Welt nichts Wunderbareres, Edleres und Schöneres als die Hochgebirgssonne im Winter. Von Schnee und Eis und Stein zurückgeworfen, spielt Licht und Wärme schwelgerisch in den unbeschreiblich durchsichtigen winterklaren Lüften – ein Licht und ein Strahlen ferner, zarter, trockener Wärme, von dem das Tiefland auch an den glänzendsten Tagen keine Ahnung hat.

Der lichte Himmel nahm allmählich tiefe Farben an, von Gipfel zu Gipfel gespannt, ruhte er tief und strahlend ohne jeden kleinsten Dunst, blau bis zur Farbe der Veilchen. Zugleich nahm die Wärme zu und ich rastete oft auf dem Schnee, um nicht in Schweiß zu kommen. Den Rock trug ich längst überm Arm und die Handschuhe in der Tasche.

Hinter den obersten einsamen Heuhütten begann Tannenwald und hinter dem Tannenwald stiegen unzugänglich senkrechte Steinwände in den Himmel mit fast gewaltsam scharfen, grellen Umrissen. Rückwärts übersah ich nun das tiefe und weite Tal, ungezählte Gipfel, berühmte und namenlose, und im Schnee verlorne winzige Dörfer, ganz unten die dunkel fließende Landquart. Inzwischen hatte ich die Mütze abgelegt und das Hemd aufgeknöpft. Dann suchte ich mir zwischen Wald und Felsen einen geschützten Ort, wo verdorrtes Moos und Heidekraut schneefrei und trocken in der Sonne brannte. Dort legte ich mich hin, aß ein Stück Schokolade und ruhte gründlich aus.
Ich lag wie im Sommer, fühlte die Dezembersonne auf Nacken und Arme brennen und dachte mit Behagen an meine Heimat am Bodensee, wo jetzt feuchte Kühle und Nebel herrschten. Dann begann ich mir Hände und Arme mit Schnee zu waschen. Und da dies köstlich wohltat, warf ich eilig Schuhe und Strümpfe und alle Kleider ab, tat einen Freudenschrei und badete mich erschauernd im körnigen Schnee. Als ich wieder in den Kleidern war und in der Sonne lag, fühlte ich unter der erfrischten Haut mein Blut wohliger und wärmer und lebendiger kreisen als je nach dem raffiniertesten Dampfbad.
Einen Teil des Rückweges konnte ich, auf meiner Lodenjacke sitzend, über den Schnee abrutschen, den Rest legte ich zu Fuß zurück und kam gerade zur rechten Zeit nach Klosters, um bei einem guten Mittagessen meinen inzwischen scharf gewordenen Hunger zu stillen.

Im Hotel waren außer mir nur Engländer, und die Ruhestunden und langen Winterabende wurden mir einigermaßen zur Qual. Ich hatte zum Glück ein gutes Buch mit; es heißt »Maria-Himmelfahrt« und ist von einem Arzt in Bozen geschrieben und erlebt. Aber immer konnte ich nicht lesen, und die Unterhaltung mit den Engländern hatte Schwierigkeiten, da sie wenig mehr Deutsch und Französisch konnten, als ich Englisch. Überdies ließ man mich fühlen, daß ich nur ein Einheimischer war und daß ich im Touristenkleid zu den feierlichen Mahlzeiten kam.

So blieb mir nichts übrig, als zu lesen, mich zu mopsen und die Gäste zu beobachten. Sie fühlten sich offenbar im Hause schon ganz heimisch und trieben es nach ihrer Art fröhlich, laut und rücksichtslos. Der eine pfiff mit ausdauerndem Atem schöne Lieder, der andere knackte im Salon Haselnüsse mit den Stiefelabsätzen auf, ein Mädchen spielte auf dem Billard mit der weißen Hauskatze. Wer von schüchterner Gemütsart ist, hat es so zwischendrin nicht leicht, er muß verzweifeln oder sich an den Wein halten, und das tat notgedrungen auch ich. Graubünden ist ja erstaunlich reich an guten Wei-

nen, und im obersten Rheintal wachsen einige Trauben, die sich vor denen des mittleren Rheins nicht zu schämen brauchen.
Ein merkwürdig gesegnetes Weinnest ist Malans, ein schönes Dorf zuunterst im Landquarttale, an dessen oberem Ende ich jetzt sitze. Neben vorzüglichen, pikanten, leicht prickelnden Rotweinen wächst dort ein vor Zeiten von den Spaniern angepflanzter, goldener und schwerer Weißwein. Er heißt Completer und ist nur in seiner Heimat erhältlich, da er die schnurrige Eigenschaft hat, blau zu werden, wenn er in der Flasche geschüttelt wird. Es wäre besser, die Weinhändler würden blau, die sich bemühen, diesem »Übelstande« abzuhelfen.
Zu meinem Glück kam abends manchmal der hiesige Arzt ins Hotel zu einem Billard. Er spielte so schlecht wie ich und erzählte mir von seiner Landpraxis, der er auf Schneeschuhen nachgeht.
Die Straße von hier nach Davos führt über Laret und Wolfgang in großen Kehren und Schlingen bergauf, zum Teil durch Tannenwald. Oben im Davoser Tal ist es noch sonniger, aber nachts und bei trübem Wetter auch viel kälter als in Klosters; Nachttemperaturen von dreißig Grad und mehr sind dort nicht selten. Die beiden Orte Davos-Dorf und Davos-Platz sind als Hoteldörfer das Grauenhafteste, was es in den Alpen gibt, aber das Tal ist wunderbar, überall der Sonne geöffnet und von reichgezackten herrlichen Bergen umgeben.

Für Schlitteln, Skisport und Eislauf kann man sich nichts Verlockenderes denken, und es ist auch eine Menge englischer und anderer Sportleute dort. Ich begreife das, ohne mitzumachen; mir ist beim Anblick der vielen Riesenhotels und Sanatorien und beim Anblick der bis weit in die Landschaft hinaus aufgestellten Tafeln, die den Schwindsüchtigen das Ausspucken verbieten, die Lust an Davos so ziemlich vergangen.

Die Art, wie in Davos der Wintersport betrieben wird, ist flott und imponierend. Man sieht prächtige Menschen jeden Alters mit geübten Gliedern sich bewegen. Die Schlittschuhplätze sind groß und glashart, ringsum ist Land für Skitouren wie geschaffen und die Schlittenbahnen sind die besten, die ich gesehen habe.

Immerhin ist der Ton solcher internationaler Sportplätze für empfindsame Reisende nicht lange erträglich und auch ich nahm nach einigen Stunden gern wieder Abschied, um auf meinem Bergschlitten nach Klosters zurückzukehren.

Nie habe ich eine schönere Schlittenpartie gemacht. Die Fahrt auf dem gut gebahnten, genügend steilen Weg ging rasch und flott, ohne übermäßig anzustrengen, und ich fuhr, auf dem niederen Schlitten zurückgelehnt, beinahe flach auf dem Rücken liegend, durch Wald und an schönen weiten Ausblicken vorbei, das Auge bald auf den Weg gerichtet, bald im hohen reinen Himmel ruhend, während feine, vom Schlitten aufgerissene Schneestaubwolken mir kalt und prickelnd übers Gesicht stoben. Unterwegs holte ich einen Bobsleigh, einen langen Sportschlitten mit fünf Fahrern, ein. Er hatte umgeworfen und war völlig zerbrochen, und die fünf Fahrer standen dabei, rieben sich schmerzende Glieder und wären in der Eile beinahe von mir nochmals umgerannt worden. Den Weg, den man in etwa anderthalb Stunden bergauf gestiegen ist, legt man rückwärts auf dem Schlitten in knapp zehn Minuten zurück. Im Dahinfahren durch den weißen Bergwinter, tausend Meter über dem gewohnten Leben, vergißt man alles, was des Vergessens wert ist, und reitet sausend talab, aus dem Gipfelglanz und der Sonnenwärme der Höhe in die strenge Kühle des totenstillen Bergtales hinunter. Der Geist der Berge geht mit, der große Tröster –

> Und manchesmal, wenn ich im Herzen litt,
> Ging er auf Gletscherwegen leise mit
> Und legte gütig seine kühle Hand
> Auf meine Stirne, bis ich Frieden fand.

ALEXANDER PUSCHKIN

Wintermorgen

Erst gestern war es, denkst du daran?
Es ging der Tag zur Neige.
Ein böser Schneesturm da begann
und brach die dürren Zweige.

Der Sturmwind blies die Sterne weg,
die Lichter, die wir lieben.
Vom Monde gar war nur ein Fleck,
ein gelber Schein geblieben.

Und jetzt? So schau doch nur hinaus:
Die Welt ertrinkt in Wonne.
Ein weißer Teppich liegt jetzt aus.
Es strahlt und lacht die Sonne.

Wohin du siehst: Ganz puderweiß
geschmückt sind alle Felder.
Der Bach rauscht lustig unterm Eis.
Nur finster stehn die Wälder.

ANTON FORSTENEICHNER

Das Schneeglöckchen

Es war einst ein langer, kalter Winter, und der Schnee wollte nicht schwinden. Unter der weißen Decke harrten ein paar Blumenkeime auf ein freundliches Augenzwinkern des Frühlings. Da ihnen die Zeit lang wurde, sprach einer zum anderen: »Horch, Brüderlein, ich möchte es versuchen, wie es draußen aussieht!« Da sagte der andere: »Probier's, ich komme mit.«

Also haben sie die Keimblätter hübsch zugespitzt, dass sie scharf wurden wie Pfeile und durch den Schnee schießen konnten. Dann versuchten sie's. Hat es sie auch nicht wenig gefroren bei der kalten Arbeit, so gelang es ihnen doch, und nach wenigen Stunden waren sie mit ihren Köpflein ans Tageslicht emporgedrungen. Der Schnee hatte ihnen alle Farbe weggeleckt, und sie waren weiß wie Leinen. »Macht nichts!«, sprach eines zum andern, und keines ließ sich seine Freude verderben. Darauf wiegten sie lustig die Krone hin und her, dass die Staubfäden wie Hämmerchen an die Wände schlugen und ein feiner Klang den Wald durchdrang.

Das hörte der Winter und dachte sich: »Wird schon der Frühling eingeläutet? Jetzt ist es Zeit, dass du dich aus dem Staube machst. Dem jungen, leichtfertigen Kerl will ich aus dem Wege gehen; ich mag ihn nicht leiden!« Da zog er seinen langen weißen Schneemantel an sich und trollte sich seiner Wege. Der Frühling aber lauschte bereits hinter den Hecken und als er vortrat, galt sein erster Gruß den beiden Blumen, und er gab ihnen von nun an den Namen »Schneeglöckchen«, weil sie den Schnee weggeläutet hatten.

HANSJÖRG SCHNEIDER

Weiß wie Schnee

Als ich gestern abend mein Büro verließ, schneite es. Fingerbeergroße Flocken wirbelten herunter, nasse Fetzen. »Leintücher« hatten wir sie früher genannt, wenn wir auf der Straße standen mit aufgesperrtem Mund und warteten, bis uns eine Flocke in den Mund tanzte. Meist fiel sie daneben, auf die Wange oder auf ein Auge, und erschrocken wischten wir den kalten Fleck weg. Aber sogleich schauten wir wieder hinauf ins kompakte Flockengeschiebe, der Himmel war verschlossen mit einer tiefen Flaumdecke, und das war schön.
Ich ging unter den dunklen Kastanienbäumen durch das Schneetreiben heimzu. Die Baumrinden glänzten. Der Boden war naß, Straße und Trottoir waren noch zu warm, als daß der Schnee hätte Fuß fassen können. Auf der Kreuzung vorn standen die Autos mit eingeschalteten Scheinwerfern, die Scheibenwischer drehten, die Motoren entließen dünnes Gas.
Rechts in der Einbahnstraße, die nur zum Parken benutzt wird, sah ich drei Mädchen mit Schulranzen am Rücken. Sie hatten ihr Gesicht gegen den Himmel erhoben, die Arme hielten sie ausgestreckt wie Vogelscheuchen im Schneefall, ihre Münder standen offen.
Plötzlich schrie eine auf und griff sich mit der Hand an die Stirn. Offensichtlich war dort eine fingerbeergroße Flocke

gelandet, und lachend putzte sie den nassen Fleck weg. Sofort gaben auch die beiden andern ihre andächtige Stellung auf. Sie lachten zu dritt, sie tanzten herum, dann stellten sie sich wieder hin, das Gesicht nach oben gewendet, die Arme ausgestreckt, wartend auf ein kaltes Leintuch.

Ich blieb stehen und hielt die linke Hand waagrecht vor mich hin, die Außenseite nach oben. Es ging ziemlich lang, aber plötzlich fiel eine luftige, aus mehreren Teilen zusammengesetzte Flocke auf meine Hand. Ich schaute ihr zu, wie sie in sich zusammenschmolz. Es dauerte nur ein paar Sekunden, dann lag ein kleiner Tropfen auf meiner Hand. Ich leckte ihn auf, er schmeckte nach nichts. Ich ging weiter bis zum Zebrastreifen und wartete mit den anderen auf eine Lücke in der Autokolonne, die im Schritttempo vorbeiglitt.

Weiter vorn, als ich schon vor dem Haus stand, in dem ich wohne, kam mir die Schneeflocke in den Sinn, die auf meiner Hand geschmolzen war. Sie war weiß, weiß wie Schnee. Und mit einer plötzlichen Freude öffnete ich die Haustür.

SOPHIE REINHEIMER

Eisblumen

Nun war draußen nirgendwo mehr eine bunte Blume zu sehen, die Beete im Garten waren mit Tannenzweigen zugedeckt, die Rosenstöcke hatten eine warme Strohkapuze über den Kopf bekommen, und auch die Blumenstöcke vorm Fenster waren verwelkt, und man hatte sie fortgenommen.
»Schade«, sagte das Sofa, das so recht behaglich hinter dem großen Esstisch in der Stube stand und gerade auf das Fenster sehen konnte. »Es war so hübsch, wenn die Blumen uns zunickten und uns erzählten, was draußen auf der Straße vor sich ging.«
Die anderen Möbel fanden das auch. Der Tisch meinte zwar, man solle nicht klagen, denn jetzt fange die gemütliche Zeit für die Stube eigentlich erst an! Im Sommer liefen die Menschen alle fort – hinaus in Garten, Wald und Feld. Im Winter aber blieben sie hübsch in der Stube zusammen, erzählten sich was oder lasen sich was vor, und so hörten sie – die Möbel – doch eigentlich noch mehr als von den Blumen. Das war wahr. Aber – schöner hatte die Stube doch mit den Blumen ausgesehen, das war ganz sicher.
Nun hört, was ein paar Wochen später eines Morgens den Möbeln für eine große Überraschung aufblühte:
Es war bitterkalt draußen, und auch in der Stube war es in der Nacht so kalt geworden, dass die Möbel die Betten in

der Schlafstube beneideten, die sich so schön mit warmen Federkissen zudecken durften. Da – als der Schrank eben aus dem Schlaf erwachte, tat er vor Verwunderung einen lauten Knacks. Die anderen Möbel wachten alle davon auf, und was sahen sie?

Das ganze Fenster war von oben bis unten mit einer schneeweißen, glitzernden Kruste bedeckt. Es war kein gewöhnliches, glattes Eis. Ganz sonderbare Gebilde waren darauf zu sehn – wie Blumen, Blätter, Stiele, aber alles ganz durcheinander –, manchmal schwer zu erkennen.

»Was ist das nur?«, fragte ganz leise das Sofa. Es war ganz benommen von der weißen Glitzerherrlichkeit. »Ist der Glaser vielleicht heute Nacht da gewesen und hat heimlich andere Scheiben eingesetzt?«

»Vielleicht ist's hier so ähnlich wie im Häuschen der Hänsel-und-Gretel-Hexe«, meinte der Spiegelschrank.

»Die Hexe, die in mir steht, wird die Scheiben in Zucker verwandelt haben.« Bei dem Wort »Zucker« machte die kleine schwarze Fliege, die auch mit in der Stube wohnte, sich schleunigst auf den Weg.

Aber ganz enttäuscht kam sie bald zurückgeflogen. »Nein – es ist kein Zucker«, sagte sie. »Es schmeckt auch nicht ein bisschen süß! Aber so rau ist's wie Zucker, das ist wahr. «

»Ich glaube, dass es Blumen sind«, sagte das Gießkännchen. Das Ofenrohr, das immer gleich ein bisschen oben hinaus war, sagte zwar: »Ach – schwätzen Sie doch kein Blech!«

Aber alle anderen in der Stube gaben dem kleinen Gießkännchen recht. Ja – wer hatte diese seltsamen schneewei-

ßen Blumen aber nur so in aller Herrgottsfrühe ans Fenster gezaubert?
Die Möbel hätten es gar zu gerne gewusst!
Aber das Fenster – das Einzige, das doch darüber hätte Auskunft geben können –, das war ganz starr und stumm, man wusste nicht, war es das vor lauter Entzücken oder hatte es jemand mit den weißen Blumen gleich mitverzaubert.
Horch – da klang plötzlich von der Straße her ein Lied:

»Der Winter hat heut über Nacht
viel Blumen mitgebracht.
Eisblumen sind's, Eisblumen sind's –
habt ihr's euch nicht gedacht?

'ne ganze Ladung kam heut früh
direkt vom Nordpol an,
ganz frisch gepflückt, ganz frisch gepflückt,
wie man gleich sehen kann.

Der Winter streut im Sonnenschein
vor jedes Fenster sie.
Oooh – wundern sich die Leut da
und staunen! Hui hihi … «

MASCHA KALÉKO

Betrifft: Erster Schnee

Eines Morgens leuchtet es ins Zimmer,
Und du merkst: 's ist wieder mal so weit.
Schnee und Barometer sind gefallen.
– Und nun kommt die liebe Halswehzeit.

Kalte Blumen blühn auf Fensterscheiben.
Fröstelnd seufzt der Morgenblatt-Poet:
»Winter läßt sich besser nicht beschreiben,
Als es schon im Lesebuche steht …«

Blüten kann man noch mit Schnee vergleichen,
Doch den Schnee … Man wird zu leicht banal.
Denn im Sommer ist man manchmal glücklich,
Doch im Winter nur sentimental.

Und man muß an Grimmsche Märchen denken
Und an einen winterweißen Wald,
Und an eine Bergtour um Silvester.
– Und dabei an sein Tarifgehalt.

Und man möchte wieder vierzehn Jahr sein:
Weihnachtsferien … Mit dem Schlitten raus!
Und man müßte keinen Schnupfen haben,
Sondern irgendwo ein kleines Haus,

Und davor ein paar verschneite Tannen,
Ziemlich viele Stunden vor der Stadt,
Wo es kein Büro, kein Telefon gibt.
Wo man beinah keine Pflichten hat.

… Ein paar Tage lang soll nichts passieren!
Ein paar Stunden, da man nichts erfährt.
Denn was hat wohl einer zu verlieren,
Dem ja doch so gut wie nichts gehört.

Kaminknistern und Kerzenschein

VOLKSGUT

Die vier Kerzen

Vier Kerzen brannten am Adventskranz.
Es war ganz still. So still, dass man die Kerzen reden hörte.

Die erste Kerze seufzte: »Ich heiße Frieden. Ich möchte für die Menschen leuchten. Aber mein Licht hat keine Kraft mehr. Die Menschen halten keinen Frieden. Es scheint, als wollten sie mich nicht.« Ihr Licht wurde immer kleiner und erlosch.

Die zweite Kerze flackerte auf und sagte: »Ich heiße Glauben. Ich möchte für die Menschen leuchten. Aber es ist, als ob ich überflüssig geworden wäre. Die Menschen fragen nicht mehr nach mir. Es hat keinen Sinn mehr, dass ich brenne.« Ein Luftzug wehte durch den Raum und die zweite Kerze erlosch.

Leise und traurig meldete sich nun die dritte Kerze zu Wort: »Ich heiße Liebe. Ich möchte für die Menschen leuchten. Aber auch meine Kraft schwindet dahin. Die Menschen stellen mich auf die Seite. Sie sehen nur sich selbst, nicht die andern. Für die Liebe haben sie immer weniger Zeit und Platz. So muss mein Licht ersticken.«
Und mit einem letzten Aufflackern erlosch auch das dritte Licht.

Da kam ein Kind in den Raum. Es sah die Kerzen und erschrak: »Aber warum brennt ihr denn nicht mehr? Ihr solltet doch leuchten!« Das Kind wurde sehr traurig. Da tanzte der Lichtschein der vierten Kerze und sie sprach: »Hab keine Angst und sei nicht traurig. Mein Licht brennt noch für die Menschen. Solange ich brenne, können wir auch die andern drei Kerzen wieder anzünden. Denn ich heiße Hoffnung.« Da nahm das Kind Licht von dieser Kerze und zündete die andern wieder an.

THEODOR STORM

Unter dem Tannenbaum

Der Weihnachtsabend begann zu dämmern. Der Amtsrichter war mit seinem Sohne auf der Rückkehr von einem Spaziergange; Frau Ellen hatte sie auf ein Stündchen fortgeschickt. Vor ihnen im Grunde lag die kleine Stadt; sie sahen deutlich, wie aus allen Schornsteinen der Rauch emporstieg; denn dahinter am Horizont stand feuerfarben das Abendrot. Sie sprachen von den Großeltern drüben in der alten Heimat; dann von den letzten Weihnachten, die sie dort erlebt hatten.
»Und am Vorabend«, sagte der Vater, »als Knecht Ruprecht zu uns kam mit dem großen Bart und dem Quersack und der Rute in der Hand!«
»Ich wusste wohl, dass es Onkel Johannes war«, erwiderte der Knabe, »der hatte immer so etwas vor!«
»Weißt du denn auch noch die Worte, die er sprach?«
Harro sah den Vater an und schüttelte den Kopf.
»Wart nur«, sagte der Amtsrichter, »die Verse liegen zu Haus in meinem Pult; vielleicht bekomm ich's noch beisammen!« Und nach einer Weile fuhr er fort: »Entsinne dich nur, wie erst die drei Rutenhiebe von draußen auf die Tür fielen und wie dann die raue borstige Gestalt mit der großen Hakennase in die Stube trat!« Dann hub er langsam und mit tiefer Stimme an:

»Von drauß' vom Walde komm ich her,
ich muss euch sagen, es weihnachtet sehr!
Allüberall auf den Tannenspitzen
sah ich goldene Lichtlein sitzen.
Und droben aus dem Himmelstor
sah mit großen Augen das Christkind hervor.
Und wie ich so strolcht' durch den dichten Tann,
da rief's mich mit heller Stimme an;
›Knecht Ruprecht‹, rief es, ›alter Gesell,
hebe die Beine und spute dich schnell!
Die Kerzen fangen zu brennen an,
das Himmelstor ist aufgetan,
Alt' und Junge sollen nun
von der Jagd des Lebens einmal ruhn;
und morgen flieg ich hinab zur Erden,
denn es soll wieder Weihnachten werden!‹
Ich sprach: ›O, lieber Herre Christ,
meine Reise fast zu Ende ist;
ich soll nur noch in diese Stadt,
wo's eitel brave Kinder hat.‹
›Hast denn das Säcklein auch bei dir?‹
Ich sprach: ›Das Säcklein, das ist hier;
denn Apfel, Nuss und Mandelkern
fressen fromme Kinder gern!‹
›Hast denn die Rute auch bei dir?‹
Ich sprach: ›Die Rute, die ist hier!
Doch für die Kinder nur, die schlechten,
die trifft sie auf den Teil, den rechten!‹

Christkindlein sprach: ›So ist es recht,
so geh mit Gott, mein treuer Knecht!‹
Von drauß' vom Walde komm ich her;
ich muss euch sagen, es weihnachtet sehr!
Nun sprecht, wie ich's hierinnen find?
Sind's gute Kind, sind's böse Kind?

Aber«, fuhr der Amtsrichter mit veränderter Stimme fort, »ich sagte dem Knecht Ruprecht:
›Der Junge ist von Herzen gut,
hat nur mitunter was trotzigen Mut!‹«
»Ich weiß, ich weiß!«, rief Harro triumphierend; und den Finger emporhebend und mit listigem Ausdruck setzte er hinzu: »Dann kam so etwas!«
»Was dich in großes Geschrei brachte; denn Knecht Ruprecht schwang seine Rute und sprach:
›Heißt es bei euch denn nicht mitunter:
Nieder den Kopf und die Hosen herunter?‹«
»O«, sagte Harro, »ich fürchtete mich nicht; ich war nur zornig auf den Onkel!«
Über der Stadt, die sie jetzt fast erreicht hatten, stand nur noch ein fahler Schein am Himmel. Es dunkelte schon; aber es begann zu schneien; leise und emsig fielen die Flocken und der Weg schimmerte schon weiß zu ihren Füßen. Vater und Sohn waren eine Weile schweigend nebeneinander hergegangen. »Am Abend darauf«, hub der Amtsrichter wieder an, »brannte der letzte Weihnachtsbaum, den du gehabt hast. Es war damals eine bewegte Zeit; sogar das

Zuckerwerk zwischen den Tannenzweigen war kriegerisch geworden: unsere ganze Armee, Soldaten zu Pferde und zu Fuß! – Von alledem ist nun nichts mehr übrig!«, setzte er leiser und wie mit sich selbst redend hinzu.

Der Knabe schien etwas darauf erwidern zu wollen, aber ein anderes hatte plötzlich seine Gedanken in Anspruch genommen. Es war ein großer bärtiger Mann, der vor ihnen aus einem Seitenwege auf die Landstraße herauskam. Auf der Schulter balancierte er ein langes stangenartiges Gepäck, während er mit einem Tannenzweig, den er in der Hand hielt, bei jedem Schritt in die Luft peitschte. Wie er vorüberging, hatte Harro in der Dämmerung noch die große rote Hakennase erkannt, die unter der Pelzmütze hinausragte. Auch einen Quersack trug der Mann, der anscheinend mit allerhand eckigen Dingen angefüllt war. Er ging rasch vor ihnen auf.

»Knecht Ruprecht«, flüsterte der Knabe, »hebe die Beine und spute dich schnell!«

Das Gewimmel der Schneeflocken wurde dichter, sie sahen ihn noch in die Stadt hinabgehen; dann entschwand er ihren Augen; denn ihre Wohnung lag eine Strecke weiter außerhalb des Tores.

»Freilich«, sagte der Amtsrichter, indem sie rüstig zuschritten, »der Alte kommt zu spät; dort unten in der Gasse leuchten schon alle Fenster in den Schnee hinaus.«

Endlich war das Haus erreicht. Nachdem sie auf dem Flur die beschneiten Überkleider abgetan, traten sie in das Arbeitszimmer des Amtsrichters. Hier war heute der

Tee serviert; die große Kugellampe brannte, alles war hell und aufgeräumt. Auf der sauberen Damastserviette stand das fein lackierte Teebrett mit den Geburtstagstassen und dem rubinroten Zuckerglase; daneben auf dem Fußboden in dem Komfort von Mahagonistäbchen mit blankem Messingeinsatz kochte der Kessel, wie es sein muss, auf gehörig durchgeglühten Torfkohlen; wie daheim einst in der großen Stube des alten Familienhauses, so dufteten auch hier in dem kleinen Stübchen die braunen Weihnachtskuchen nach dem Rezept der Urgroßmutter. Aber während die Mutter nebenan im Wohnzimmer noch das Fest bereitete, blieben Vater und Sohn allein; kein Onkel Erich kam, ihnen feiern zu helfen. Es war doch anders als daheim.

Ein paarmal hatte Harro mit bescheidenem Finger an die Tür gepocht und ein leises »Geduld!« der Mutter war die Antwort gewesen. Endlich trat Frau Ellen selbst herein. Lächelnd – aber ein leiser Zug von Weh war doch dabei – streckte sie ihre Hände aus und zog ihren Mann und ihren Knaben, jeden bei einer Hand, in die helle Weihnachtsstube.

Es sah freundlich genug aus. Auf dem Tische in der Mitte, zwischen zwei Reihen brennender Wachskerzen, stand das kleine Kunstwerk, das Mutter und Sohn in den Tagen vorher sich selbst geschaffen hatten, ein Garten im Geschmack des vorigen Jahrhunderts mit glatt geschorenen Hecken und dunklen Lauben; alles von Moos und verschiedenem Wintergrün zierlich zusammengestellt.

Auf dem Teiche von Spiegelglas schwammen zwei weiße Schwäne; daneben vor dem chinesischen Pavillon standen kleine Herren und Damen von Papiermaché in Puder und Kontuschen. Zu beiden Seiten lagen die Geschenke für den Knaben; eine scharfe Lupe für die Käfersammlung, ein paar bunte Münchener Bilderbogen, die nicht fehlen durften, von Schwind und Otto Speckter; ein Buch in rotem Halbfranzband; dazwischen ein kleiner Globus in schwarzer Kapsel, augenscheinlich schon ein altes Stück. »Es war Onkel Erichs letzte Weihnachtsgabe an mich«, sagte der Amtsrichter, »nimm du es nun von mir! Es ist mir in diesen Tagen aufs Herz gefallen, dass ich ihm die Freude, die er mir als Kind gemacht, in späterer Zeit nicht einmal wieder gedankt; nun haben sie mir den alten Herrn im letzten Herbst begraben!«

Frau Ellen legte den Arm um ihren Mann und führte ihn an den Spiegeltisch, auf dem heute die beiden silbernen Armleuchter brannten. Auch ihm hatte sie beschert; das Erste aber, wonach seine Hand langte, war ein kleines Lichtbild. Seine Augen ruhten lange darauf, während Frau Ellen still zu ihm emporsah. Es war sein elterlicher Garten; dort unter dem Ahorn vor dem Lusthause standen die beiden Alten selbst, das noch dunkle volle Haar seines Vaters war deutlich zu erkennen.

Der Amtsrichter hatte sich umgewandt; es war, als suchten seine Augen etwas. Die Lichter an den Moosgärtchen brannten knisternd fort; in ihrem Schein stand der Knabe vor dem aufgeschlagenen Weihnachtsbuch. Aber droben unter der Decke des hohen Zimmers war es dunkel; der Tannenbaum fehlte, der das Licht des Festes auch dort hinaufgetragen hätte.

Da klingelte draußen im Flur die Glocke und die Haustür wurde polternd aufgerissen. »Wer ist denn das?«, sagte Frau Ellen; und Harro lief zur Tür und sah hinaus.

Draußen hörten sie eine raue Stimme fragen: »Bin ich denn hier recht beim Herrn Amtsrichter?« Und in demselben Augenblicke wandte auch der Knabe den Kopf zurück und rief: »Knecht Ruprecht; Knecht Ruprecht!« Dann zog er Vater und Mutter mit sich aus der Tür.

Es war der große bärtige Mann, der den beiden Spaziergängern vorhin oberhalb der Stadt begegnet war; bei dem Schein des Flurlämpchens sahen sie deutlich die rote Hakennase unter der beschneiten Pelzmütze leuchten. Sein langes Gepäck hatte er gegen die Wand gelehnt. »Ich habe das hier abzugeben!«, sagte er, indem er auch den schweren Quersack von der Schulter nahm.

»Von wem denn?«, fragte der Amtsrichter.

»Ist mir nichts von aufgetragen worden.«

»Wollt Ihr denn nicht näher treten?«

Der Alte schüttelte den Kopf. »Ist alles schon besorgt! Habt gute Weihnacht beieinander!« Und indem er noch einmal mit der großen Nase nickte, war er schon zur Tür hinaus.

»Das ist eine Bescherung!«, sagte Frau Ellen fast ein wenig schüchtern.

Harro hatte die Haustür aufgerissen. Da sah er die große dunkle Gestalt schon weithin auf dem beschneiten Wege hinausschreiten.

Nun wurde die Magd herbeigerufen, deren Bescherung durch dieses Zwischenspiel bis jetzt verzögert war; und als mit ihrer Hilfe die verhüllten Dinge in das helle Weihnachtszimmer gebracht waren, kniete Frau Ellen auf dem Fußboden und begann mit ihrem Trennmesser die Nähte des großen Packens aufzulösen. Und bald fühlte sie, wie es von innen heraus sich dehnte und die immer schwächer werdenden Bande zu sprengen strebte; und als der Amtsrichter, der bisher schweigend dabeigestanden, jetzt die letzten Hüllen abgestreift hatte und es aufrecht vor sich hingestellt hielt, da war's ein ganzer mächtiger Tannenbaum, der nun nach allen Seiten seine entfesselten Zweige ausbreitete. Lange schmale Bänder von Knittergold rieselten und blitzten überall von den Spitzen durch das dunkle Grün herab; auch die Tannäpfel waren golden, die unter allen Zweigen hingen.

Harro war indes nicht müßig gewesen, er hatte den Quersack aufgebunden; mit leuchtenden Augen brachte er einen flachen, grün lackierten Kasten geschleppt. »Horch, es rappelt!«, sagte er. »Es ist ein Schubfach darin!« Und als sie es aufgezogen, fanden sie wohl ein Schock der feinsten weißen Wachskerzchen.

»Das kommt von einem echten Weihnachtsmann«, sagte der Amtsrichter, indem er einen Zweig des Baumes herunterzog, »da sitzen schon überall die kleinen Blechlampetten!«

Aber es war nicht nur ein Schubfach in dem Kasten; es war auch obenauf ein Klötzchen mit einem Schraubengang. Der Amtsrichter wusste Bescheid in diesen Dingen; nach einigen Minuten war der Baum eingeschroben und stand fest und aufrecht, seine grüne Spitze fast bis zur Decke streckend. – Die alte Magd hatte ihre Schüssel mit Äpfeln und Pfeffernüssen stehen lassen; während die andern drei beschäftigt waren, die Wachskerzen aufzustecken, stand sie neben ihnen, ein lebendiger Kandelaber, in jeder Hand einen brennenden Armleuchter emporhaltend. Sie war aus der Heimat mit herübergekommen und hatte sich von allen am schwersten in den Brauch der Fremde gefunden. Auch jetzt betrachtete sie den stolzen Baum mit misstrauischen Augen. »Die goldenen Eier sind denn doch vergessen!«, sagte sie.

Der Amtsrichter sah sie lächelnd an: »Aber, Margret, die goldenen Tannäpfel sind doch schöner!«

»So, meint der Herr? Zu Hause haben wir immer die goldenen Eier gehabt.«

Darüber war nicht zu streiten; es war auch keine Zeit dazu. Harro hatte sich indessen schon wieder über den Quersack hergemacht. »Noch nicht anzünden!«, rief er, »das Schwerste ist noch darin!«

Es war ein fest vernageltes hölzernes Kistchen. Aber der Amtsrichter holte Hammer und Meißel aus seinem Gerätkästchen; nach ein paar Schlägen sprang der Deckel auf und eine Fülle weißer Papierspäne quoll ihnen entgegen. –

»Zuckerzeug!«, rief Frau Ellen und streckte schützend ihre Hände darüber aus. »Ich wittere Marzipan! Setzt euch; ich werde auspacken!«

Und mit vorsichtiger Hand langte sie ein Stück nach dem andern heraus und legte es auf den Tisch, das nun von Vater und Sohn aus dem umhüllenden Seidenpapier herausgewickelt wurde.

»Himbeeren!«, rief Harro. »Und Erdbeeren, ein ganzer Strauß!«

»Aber siehst du es wohl?«, sagte der Amtsrichter. »Es sind Walderdbeeren; so welche wachsen in den Gärten nicht.«

Dann kam, wie lebend, allerlei Geziefer; Hornisse und Hummeln und was sonst im Sonnenschein an stillen Waldplätzchen umherzusummen pflegt, zierlich aus Dragant gebildet, mit goldbestäubten Flügeln; nun eine Honigwabe – die Zellen mochten mit Likör gefüllt sein –, wie sie die wilde Biene in den Stamm der hohlen Eiche baut; und jetzt ein großer Hirschkäfer, von Schokolade, mit gesperrten Zangen und ausgebreiteten Flügeldecken. »Cervus lucanus!«, rief Harro und klatschte in die Hände.

An jedem Stück war, je nach der Größe, ein lichtgrünes Seidenbändchen. Sie konnten der Lockung nicht widerstehen; sie begannen schon jetzt den Baum damit zu schmücken, während Frau Ellens Hände noch immer neue Schätze ans Licht förderten.

Bald schwebte zwischen den Immen auch eine Schar von Schmetterlingen an den Tannenspitzen; da war der Himbeerfalter, die silberblaue Daphnis und der olivenfarbige Waldargus, und wie sie alle heißen mochten, die Harro hier vergebens aufzujagen gesucht hatte. Und immer schwerer wurden die Päckchen, die eins nach dem andern von den eifrigen Händen geöffnet wurden. Denn jetzt kam das Geschlecht des größeren Geflügels; da kam der Dompfaff und der Buntspecht, ein Paar Kreuzschnäbel, die im Tannenwald daheim sind; und jetzt – Frau Ellen stieß einen leichten Schrei aus – ein ganzes Nest voll kleiner Schnäbel aufsperrender Vögel; und Vater und Sohn gerieten miteinander in Streit, ob es Goldhähnchen oder junge Zeisige seien, während Harro schon das kleine Heimwesen im dichtesten Tannengrün verbarg.

Noch ein Waldbewohner erschien; er musste vom Buchenrevier herübergekommen sein; ein Eichhörnchen von Marzipan, in halber Lebensgröße, mit erhobenem Schweif und klugen Augen. »Und nun ist's alle!«, rief Frau

Ellen. Aber nein, ein schweres Päckchen noch! Sie öffnete es und verbarg es dann ebenso rasch wieder in beiden Händen. »Ein Prachtstück!«, rief sie. »Aber nein, Paul; ich bin edelmütiger als du; ich zeig's dir nicht!« Der Amtsrichter ließ sich das nicht anfechten; er brach ihr die nicht gar zu ernstlich geschlossenen Hände auseinander, während sie lachend über ihn wegschaute.

»Ein Hase!«, jubelte Harro, »er hat ein Kohlblatt zwischen den Vorderpfötchen!«

Frau Ellen nickte: »Freilich, er kommt auch eben aus des alten Kirchspielvogts Garten!«

»Harro, mein Junge«, sagte der Amtsrichter, indem er drohend den Finger gegen seine Frau erhob; »versprich mir, diesen Hasen zu verspeisen, damit er gründlich aus der Welt komme!«

Das versprach Harro.

Der Baum war voll, die Zweige bogen sich; die alte Margret stöhnte, sie könne die Leuchter nicht mehr halten, sie habe gar keine Arme mehr am Leibe.

Aber es gab wieder neue Arbeit. »Anzünden!«, kommandierte der Amtsrichter; und die kleinen und großen Weihnachtskinder standen mit heißen Gesichtern, kletterten auf Schemel und Stühle und ließen nicht ab, bis alle Kerzen angezündet waren.

Der Baum brannte, das Zimmer war von Duft und Glanz erfüllt; es war nun wirklich Weihnachten geworden.

Ein wenig müde von der ungewohnten Anstrengung saß der Amtsrichter auf dem Sofa, nachsinnend in den gegenüberhängenden großen Wandspiegel blickend, der das Bild des brennenden Baums zurückstrahlte.

Frau Ellen, die ganz heimlich ein wenig aufzuräumen begann, wollte eben die geleerte Kiste an die Seite setzen, als sie wie in Gedanken noch einmal mit der Hand durch die Papierspäne streifte. Sie stutzte. »Unerschöpflich!«, sagte sie lächelnd. – Es war ein Star von Schokolade, den sie hervorgeholt hatte. »Und, Paul«, fuhr sie fort, »er spricht!«

Sie hatte sich zu ihm auf die Sofalehne gesetzt, und beide lasen nun gemeinschaftlich den beschriebenen Zettel, den der Vogel in seinem Schnabel trug: »Einen Wald- und Weihnachtsgruß von einer dankbaren Freundin!«

»Also von ihr!«, sagte der Amtsrichter. »Ihr Herz hat ein gutes Gedächtnis. Knecht Ruprecht musste einen tüchtigen Weg zurücklegen; denn das Gut liegt fünf ganze Meilen von hier.«

HEINRICH HEINE

Altes Kaminstück

Draußen ziehen weiße Flocken
durch die Nacht, der Sturm ist laut;
hier im Stübchen ist es trocken,
warm und einsam, stillvertraut.

Sinnend sitz ich auf dem Sessel,
an dem knisternden Kamin,
kochend summt der Wasserkessel
längst verklungne Melodien.

Und ein Kätzchen sitzt daneben,
wärmt die Pfötchen an der Glut;
und die Flammen schweben, weben,
wundersam wird mir zumut.

Dämmernd kommt heraufgestiegen
manche längst vergeßne Zeit,
wie mit bunten Maskenzügen
und verblichner Herrlichkeit.

PAULA DEHMEL

Wie der alte Christian Weihnachten feierte

»Kind«, sagte am Vortage des Weihnachtsfestes meine gute Mutter zu mir, »Kind, geh', bring' dem alten Christian seine Kuchenstolle und dieses Paket. Sag', ich ließ' ihn schön grüßen, und er möchte das Fest und das neue Jahr gesund und ruhig verleben. Diesmal wär' zu viel Arbeit, ich könnt' nicht selber abkommen.«
Ich blickte etwas erstaunt und beunruhigt von meinem Buche auf. Ich kannte den mürrischen alten Waldhüter recht gut; wie oft hatte ich mich als kleines Mädchen vor seinem großen rostigen Schnurrbart gefürchtet, wenn er uns beim Beerensuchen auf verbotenen Plätzen überraschte und uns mit seinem Brummbass aufschreckte und davonjagte.
Jetzt freilich hatten wir ihn nicht mehr zu fürchten, denn er war schon seit zwei Jahren pensioniert. Nach dem Tode des alten Försters, dem er sehr ergeben war, hatte auch er um seine Entlassung gebeten. Das Reißen in den Füßen sei zu arg, meinte er, er könne nicht mehr stundenlang im Walde umherlaufen; und mein Vater, der Arzt im Städtchen war, hatte ihm das gewünschte Attest ausgestellt. Seitdem hatten wir einen neuen Förster und einen neuen Waldhüter, und beide nahmen es nicht so genau mit uns Kindern. Der alte Christian Merkenthin aber zog zur Witwe Klemm

draußen in der Vorstadt, die dem Walde am nächsten lag, und ließ sich selten blicken. Zu ihm sollte ich nun gehen. Meine Mutter, der meine Unruhe nicht entgangen war, lächelte: »Geh' nur, Kind, er ist in seiner Stube anders, als du ihn sonst kennst, und du bist schon groß und verständig genug, um deine Freude an dem prächtigen alten Manne zu haben.«

Ich nahm meinen Mut zusammen, als ich die gute Mutter so reden hörte, klappte mein Buch zu, langte Hut und Mantel vom Riegel und machte mich gehbereit. »Wenn du dem Christian ein wenig Gesellschaft leisten willst, kannst du das gerne tun«, sagte meine Mutter noch, indem sie mir sogleich die Pakete in den Arm legte, »um sechseinhalb Uhr wird beschert, da musst du wieder hier sein.«

Ich nickte still, sagte ihr Lebewohl und ging mit leiser Neugier im Herzen und etwas Bangigkeit die Hauptstraße der Stadt hinunter. Ich beschleunigte meine Schritte und war bald aus der Häuserreihe heraus.

Die Wiesen, die sich bis zum Waldrande ausbreiteten, lagen im tiefen Schnee, und auf den kahlen Ästen der Kirschbäume, die die Chaussee begrenzten, hockten und flatterten Hunderte von Krähen, die wohl vergebens nach Futter suchten. An den beiden verschneiten Kornmühlen vorbei, die leise im Winde knarrten, kam ich mit rotgefrorener Nase und steifen Fingern endlich bei dem Häuschen der Witwe Klemm an, wo mich ein kleiner schwarzer Spitz mit wütendem Gebell ansprang. Die Frau des Hauses, die auf sein Kläffen herauskam, rief ihn zurück und maß mit großen Augen den unerwarteten Besuch. Auf meine Bitte führte sie mich jedoch bereitwillig die steile Holztreppe hinan auf den kleinen mit frischem Sand bestreuten Flur, wo sie an einer der Türen klopfte. Ohne lange das Herein abzuwarten, öffnete sie, steckte den Kopf in die Spalte und meldete: »Eine kleine Jungfer wünscht Euch zu sprechen, Herr Merkenthin«, worauf sie die Tür weit aufsperrte und mit einem schnellen neugierigen Blicke verschwand.

Dichter Tabaksqualm umfing mich, als ich zögernd näher trat und die Tür hinter mir zuzog; und zuerst sah ich weiter nichts als die mir wohlbekannte, aufrechte Gestalt mit der Jagdjoppe und den hohen Wasserstiefeln, die er, wie ich sah, auch im Hause trug. Auf sein knurriges, doch nicht gerade unfreundliches »Na, was bringst denn du?« kam ich mutig näher und legte meine Pakete auf den Tisch.

»Das schickt Euch Mutter, Herr Merkenthin, und Ihr möchtet es nicht übelnehmen, wenn sie diesmal nicht selber käme, es wäre zu viel im Hause zu tun.« Der Alte hatte unterdessen die Stolle ausgewickelt und die Strickjacke und die Strümpfe mit kritischen Blicken gemustert. Die Besichtigung schien zu seiner Zufriedenheit ausgefallen zu sein, denn er legte alles wie zärtlich unter den kleinen Tannenbaum, der auf einer weißen Serviette auf der Kommode stand, versenkte sich in Betrachtung seiner Schätze oder hing sonst seinen Gedanken nach; jedenfalls schien er meine kleine Anwesenheit ganz vergessen zu haben.

Meine Augen hatten sich indessen an den Rauch gewöhnt, und ich ließ sie nun in dem kleinen Zimmer umherwandern. Die Wand, an der ich lehnte, wurde fast ganz von einem großen schwarzen Ledersofa ausgefüllt, das mit seinem eingesunkenen Sitz und seinen breiten Armlehnen gewiss von Urgroßmutters Zeiten herstammte. Neben mir, auf einer der Lehnen, lag eine große graue Katze zusammengerollt und schlief. Ich streichelte ihr dickes Fell, da erhob sie sich langsam, machte einen Buckel und gab mir deutlich zu verstehen, dass sie noch mehr gestreichelt sein wollte. In demselben Augenblicke flatterte etwas über mir, und als ich hochsah, kam ein größerer Vogel und setzte sich auf meine Schulter.

Der alte Christian drehte sich um und brummte: »Magst du Tiere leiden, kleine Doktorn?« Ich nickte eifrig und stand ganz still, um den kleinen Gast auf der Schulter nicht zu verscheuchen. Des Alten Stimme wurde jetzt etwas sanfter: »Ich mag eigentlich keine Vögel im Zimmer; was in den Wald gehört, soll im Walde bleiben, aber der Bengel will nicht wieder fort, trotzdem der gebrochene Flügel lange auskuriert ist. Es ist ein Star und ein kluger Vogel«, fügte er hinzu, und ich sah, wie seine Augen liebevoll nach dem Tierchen hinblickten.

»Verträgt er sich denn mit der Katze?«, fragte ich. »O, mein Peter weiß schon, wie weit er gehen darf«, knurrte der Alte, »und allein lass ich die beiden nicht, einer von ihnen spaziert in die Küche, wenn ich fortgehe; aber nun setz' dich doch auf das Sofa, du hast einen weiten Weg gehabt in der Kälte, ich will dir was Warmes zu trinken holen.«
Er verschwand durch die Tür, und ich streichelte abwechselnd den Vogel, der ruhig auf meiner Schulter blieb, und die Katze, die sich wohlig an meinem Ärmel rieb. Eine geschnitzte Wanduhr tickte laut, und über mich kam ein warmes Gefühl von Heimlichkeit und Weihnachtsfreude. Die Tannenzweige, die hinter dem kleinen Spiegel über der Kommode steckten, und das mit weißen Lichtern geschmückte Bäumchen verbreiteten einen lieben Duft, selbst der Tabaksqualm kam mir nun recht gemütlich vor. Christian kam mit einem Glas Grog aus der Küche; legte einen Pfefferkuchen auf ein vergoldetes Tellerchen, das er aus der obersten Kommodenschublade nahm, und reichte mir beides. Der alte Mann sah recht hilflos und ungeschickt dabei aus, aber mir gefiel es, und mein junges Herz fing an, den bärbeißigen Geber zu verstehen und zu lieben, wie nur Kinder lieben können, schnell und unmittelbar. Ich wollte ihm eigentlich sagen, dass uns solche Getränke verboten seien, fürchtete aber ihn zu kränken und schwieg. Tapfer trank ich die scharfe heiße Brühe, im Stillen hoffend, dass meine Eltern es mir verzeihen würden. War ich doch damals schon zwölf oder dreizehn Jahre alt und begriff, dass Recht und Unrecht nicht so leicht zu sondern sind wie Äp-

fel und Nüsse, und dass man sein Herz so erziehen muss, dass es ohne große Mühe das kleinere Unrecht und das größere Recht herausfühlt.

Der alte Christian sah befriedigt zu, wie ich schluckweise trank und meinen Pfefferkuchen mit der Katze und dem Star teilte. Plötzlich sagte er: »Hast du Zeit, eine Stunde mit mir in den Wald zu gehen? Du kannst mir tragen helfen.« Ich nickte und sah ihn erwartungsvoll an. »Nun ja«, fuhr er fort, als er meine fragenden Augen sah, »nun ja, die Kreatur soll doch auch wissen, dass Weihnachten ist.« Damit nahm er den Starmatz von meiner Schulter, ging in die Küche, und ich hörte an seinem Zureden, dass er den Vogel in seinen Bauer sperrte. Mir brannten die Backen vor Freude; ich ahnte wohl, was der alte Waldhüter, der sein halbes Leben in Gemeinschaft mit den Tieren des Waldes zugebracht hatte, tun wollte, und ich war glücklich, dieser seltsamen Bescherung beiwohnen zu dürfen. War ich doch von klein auf daran gewöhnt, auch die Tiere als Gottesgeschöpfe zu betrachten, sie zu schonen und zu lieben, wie ein erwachsener Bruder seine unmündigen Geschwister schonen und lieben soll. Als der alte Christian gleich darauf mit seiner Pelzmütze, den Wasserstiefeln und einem Sack über der Schulter wieder in die Wohnstube trat, glich er ganz und gar dem Weihnachtsmann aus den Märchen, und ich ließ mir wie im Traum den vollgepackten Henkelkorb über den Arm hängen. Er nahm noch einen Spaten und mehrere Tannenzweige mit und schritt mir voran und die Treppe hinab. »Adjes, Frau Klemm«, rief er durch die halb offene

Küchentür seiner Wirtin zu, »in ein bis zwei Stunden bin ich wieder da.« »Gut, Herr Merkenthin«, klang es zurück, und ich ging und öffnete die Haustür. Der Spitz ließ uns mit leisem Knurren passieren. »Die Menschen sind auch misstrauisch, warum sollte es das Viehzeug nicht sein«, sagte mein Begleiter, »ihm kommt noch mehr Übles zu als unsereinem«, und damit schritten wir der ungefähr eine Viertelstunde entfernten Schonung zu.

Die Sonne neigte sich schon tief nach Westen und stand wie eine blutrote Scheibe am Himmel; ein kühler Wind strich über die Felder. Wir mussten am Ortskirchhof vorbei, und mein Blick streifte die in tiefen Schnee gebetteten Gräber. Nie war ich bisher im Winter hierhergekommen; ich kannte den Kirchhof nur voller Grün und Blumen, und eine Ahnung von der Feierlichkeit alles Gewesenen streifte meine junge Seele.

Der alte Christian war stehen geblieben. »Warte ein paar Minuten«, sagte er, »ich bin gleich wieder hier.« Damit stellte er den Sack neben mich, nahm den Spaten und die grünen Zweige und verschwand hinter der eisernen Pforte. Ich sah ihm nach. Ein Schwarm Krähen flog bei seinem Eintritt in die Höhe, und ich verfolgte mit meinen Blicken die Vögel, wie sie krächzend dem Walde zuflogen. Ob die Tiere auch etwas vom Tode wussten? …

Aus dem Hause des Totengräbers, der ein Stück weiter die Straße hinauf wohnte, klang plötzlich doppelstimmig: »O, du fröhliche, o, du selige, gnadenbringende Weihnachtszeit«, und mein bewegliches Kinderherz streifte mit einem

Lächeln die kleine Wehmut ab und wurde wieder hell und weihnachtsfröhlich, als gäbe es keine Kirchhöfe und keine hungrigen Krähen mehr auf der Welt. Jetzt kam auch der alte Christian zurück, aber ohne die grünen Zweige. »Hab' meiner guten Frau und der kleinen Käte dadrin bloß sagen wollen, dass ich am Weihnachtsabend an sie denke«, brummte er, nahm, ohne mich weiter anzusehen, seinen Sack auf und ging etwas schneller als vorher dem Walde zu. Ich ließ ihn vorausgehen und horchte auf den Klang des Weihnachtsliedes, der noch eine ganze Weile mit uns mitging; mir war, als wäre ich in der Kirche. Ich hätte dem alten Manne, der seine liebsten Menschen hatte begraben müssen und nun allein unter dem Weihnachtsbaum stehen würde, so herzlich gern etwas Liebes gesagt; aber ich wusste nicht, wie ich das beginnen sollte, und so ging ich schweigend hinter ihm her. Unvermutet kam mir da meine liebe Mutter in den Sinn; ich begriff, warum sie gerade dem alten Christian heut eine Herzensfreude bereiten wollte, und eine große Dankbarkeit überkam mich, ein neues schönes Gefühl von Liebe und Erkenntnis.

Der Wald, der sich jetzt vor uns ausbreitete, kam mir in seiner weißen Einsamkeit fast schöner vor als im Sommer. Der Wind hatte sich gelegt, wir hörten nur den weichen Ton unserer Schritte und dann und wann ein leises Knacken im Holze, das von dürren Ästen herrührte, denen die Schneelast zu schwer geworden war.

Christian blieb stehen: »Nun wollen wir unsere Weihnachtstische herrichten«, sagte er, nahm seinen großen

Sack von den Schultern und band ihn auf. Was da nicht alles zum Vorschein kam! Hammer und Zange, Bindfaden und Nägel, Messer und Schere; und wozu er wohl alle die Strohmatten und zugespitzten Stäbe brauchen würde, die er aus den Tiefen des Sackes hervorholte. Meine Neugierde sollte bald gestillt werden, denn ich musste meinen Korb hinsetzen und ihm bei seiner wunderlichen Arbeit behilflich sein.

Da, wo dichtes Astwerk den Schnee abgefangen hatte, sodass der Boden nur wenig damit bedeckt war, bauten wir unsere Speisekammern. Zwei Ecken einer Matte banden wir etwa meterhoch an einem Baumstamm fest, während die beiden anderen Ecken auf zwei in der Nähe eingebohrten Pfählen befestigt wurden.

So entstand ein gedeckter kleiner Raum, der den hungrigen Tieren gut zugängig war. Wir säuberten ihn vollends vom Schnee, und nun kam auch mein Korb und sein Inhalt an die Reihe. »Hier am Waldrand hält sich Meister Lampe gern auf«, sagte der alte Christian; dabei langte er Kohlblätter und Rüben aus dem Korbe, um sie dem Häschen aufzubauen, um ihm etwas seinen Winterhunger zu stillen. »Es ist ein Jammer, wie viel Gutes unnütz auf dem Kehrrichthaufen verkommt«, fügte er hinzu, »wo doch so viel dankbares kleines Gesindel in der Welt umherläuft, ja, ja, der Mensch denkt kaum an seinesgleichen, wie sollte er der Kreatur gedenken.« Ich nick-

te ernsthaft und nachdenklich, und dann gingen wir weiter. Alle fünfhundert Schritte etwa schufen wir ein neues Tischlein-deck-dich. Aber nicht bloß für die Hasen, auch für die Vögel wurde liebevoll gesorgt. Futterkästen mit allerlei Samen, Sonnenblumen- und Kürbiskernen wurden in Ast und Strauch untergebracht; Talgklöße und Speckschwarten, ja ein paar ganze Gänsegerippe und Bratenkeulen mussten sich die Bäume aufbinden lassen. »Die sind für die Meisen und Spechte, auch für die Rotkehlchen und das andere kleine Viehzeug, denen der Flug übers Meer zu weit ist«, meinte der Christian; »hoffentlich naschen ihnen die Krähen und Dohlen nicht das Beste weg. Aber die wollen doch auch leben«, fügte er leise hinzu, »auch dem Bösesten knurrt der Magen, ja, wenn der Hunger nicht wäre, wenn der Hunger nicht wäre!«
So stapften wir weiter durch den dichten Schnee, und während unser Gepäck immer leichter wurde, wurden unsere Herzen immer heller und weihnachtsfreudiger, und ich weiß nicht, wie es kam, plötzlich war mir das schöne Lied auf den Lippen, und ich sang es leise vor mich hin: »Es ist ein Reis entsprungen aus einer Wurzel zart …«
Der Alte hörte andächtig zu, und als es zu Ende war, wiederholte er: »Mitten im kalten Winter - ja, mitten im kal-

ten Winter, da blüht's oft drinnen am besten auf, aber das wirst du nicht verstehen, kleine Doktorn.«

Nein, ich verstand es damals noch nicht, jedoch ich fühlte, dass der alte Christian was Liebes damit meinte, und fasste nach seiner alten runzligen Hand.

Das Schönste vom Tage sollten wir aber noch erleben. In einer Lichtung stand plötzlich ein großer Hirsch vor uns, und mehrere junge Hirsche und Hirschkühe kamen hinter ihm her. Er hob den Kopf mit dem schönen Geweih und sah uns klug und furchtlos an. Auf das leise Pfeifen des Alten kam er zutraulich näher und das ganze Rudel mit ihm. Wir warfen ihnen Brot und Kartoffeln zu, die sie sogleich verzehrten, ja, der große Hirsch wurde so dreist, dass er aus meiner ausgestreckten Hand ein Stück Brot nahm, und ihr könnt euch gewiss denken, wie sehr ich mich darüber freute.

»Es ist Schonzeit, da weiß die Kreatur, dass sie was riskieren kann«, brummte der Alte; aber auch aus seinen umbuschten grauen Augen zuckte die Freude über das hübsche Bild. Das schrille Geläute eines Schlittens, der auf der nahen Landstraße daherkam, ließ unsere lieben Gäste jäh auffahren und die Flucht ergreifen. Ich sah ihnen bedauernd nach. »Sie sind schon wieder her, kleine Doktorn«, sagte Christian, »hier ist seit vielen Jahren ihr Futterplatz.«

Nun sah ich erst, dass etwa hundert Schritte von uns ein kleines festes Strohdach auf Pfählen aufgerichtet war und dass noch geringe Futterreste verstreut umherlagen. Mein Begleiter nahm aus dem Korbe reichlich Rosskastanien,

Eicheln, getrocknete Lupinen und das noch übrige Brot und baute es dem Wilde als Weihnachtsgabe auf. »Kommen die Rehe auch hierher?«, fragte ich und hoffte im Stillen auch diese hübschen Tiere nahebei sehen zu dürfen. »Nein, denen müssen wir woanders bescheren«, meinte der Alte, »die haben eine feine Nase und lieben den Hirschgeruch nicht. Und kiesätig ist die Bande auch«, fügte er hinzu, »wenn sie nichts Grünes mehr finden, fressen sie höchstens ein bisschen Korn und feines Heu, na, sie sollen auch ihr Teilchen kriegen. Aber aus der Hand werden sie dir wohl kaum fressen, du kleine Hexe, es ist ein furchtsames Chor; komm, ich weiß die Stellen, wo sie gern essen, sie sollen heute auch was extra Leckeres haben.«
Wir gingen noch etwas tiefer in den Wald und fanden bald an einer ziemlich versteckten kleinen Lichtung Spuren von Rehwild und einen ähnlichen Futterplatz wie zuvor. Hier legten wir Korn und Heu nieder und verhielten uns eine Weile mäuschenstill; die kleinen Gäste wollten sich aber nicht blicken lassen.
»Morgen früh werden sie die Bescherung schon finden«, schmunzelte der Alte und band noch den Rest unserer Vorräte für die Vögel in die Bäume.
Es war auch mittlerweile Zeit geworden, an den Heimweg zu denken. Die Sonne war lange untergegangen, und nur der Schnee leuchtete uns aus dem Dickicht hinaus. Es war empfindlich kalt geworden, ich schlug den Mantelkragen hoch und steckte die fast erstarrten Hände in die Ärmel.
»Komm nur, kleine Doktorn«, tröstete mich mein Begleiter,

»der Schneiderwirt wohnt nicht weit von hier, der hat einen feinen Schlitten, und hastenichtgesehn sind wir zu Hause, das wäre doch noch ein Extra-Weihnachtsspaß, wie?« Und damit zog er mich frierende kleine Person durch das Gewirr der Stämme auf nur ihm bekannten Pfaden vorwärts, und bald waren wir auf der Landstraße. Hier grüßte uns schon von Weitem das grüne Licht einer Laterne, die zum Wirtshaus zum Bären gehörte. Peter Holtzen, ein früherer Schneider, hauste darin, und man nannte ihn in der ganzen Gegend den Schneiderwirt. Wir traten mit Behagen in die warme Wirtsstube, und die gute Mutter Holtzen zog mir gleich die nassen Schuhe und Strümpfe aus und hing sie über die Messinghaken, die in den riesigen grünen Kachelofen eingeschraubt waren. Meine nackten Füße steckte sie in warme Pantoffeln, brachte mir eine Tasse heiße Milch, und nach ein paar Minuten wusste ich nichts mehr von Frost und Kälte.

Der alte Christian trank ein Glas Warmbier, rauchte dazu sein Pfeifchen und plauderte mit Peter, dem Schneiderwirt, über die Schlachten bei Wörth und Sedan und wie kalt es in diesem Winter gewesen war; und ich hörte den beiden alten Soldaten mit Interesse zu.

»Bist 'ne wackre Dirn«, sagte der alte Christian zu mir, als wir eine halbe Stunde später in dem hübschen Wirtsschlitten unter lustigem Geläute nach Hause fuhren, »bist 'ne wackre Dirn, kleine Doktorn, ich ließ das Vater und Mutter extra bestellen und viele Grüße und schönen Dank dazu.« Damit sprang er vor seiner Tür aus dem Schlitten, winkte noch mal mit der Pfeife, und der Kutscher fuhr weiter meinem elterlichen Hause zu. Ich lief die Treppe hinauf und fiel meiner Mutter um den Hals. Mein Herz war zu voll; erst nach und nach konnte ich von allem erzählen. Aber nie zuvor hatten mir die Lichter am Tannenbaum so hell gestrahlt, und nie zuvor hatte ich Eltern und Geschwister so lieb gehabt wie an diesem Weihnachtsabend!

Zwischen dem alten Christian und mir entspann sich seit jenem Tage eine wirkliche Freundschaft, die bis zum Tode des alten Mannes dauerte. Oft saß ich an freien Nachmittagen in seinem Stübchen, las ihm die Zeitung vor oder beschäftigte mich mit seinen Haustieren, für die ich meist diesen oder jenen Leckerbissen bereithielt. Am Tage vor Weihnachten aber gingen wir regelmäßig in den Wald, um die Tiere zu füttern, und ich sammelte schon Wochen vorher für unsere Lieblinge.

Manch ein echtes und kluges Wort ist damals aus dem Munde des alten Christian in meine Seele geglitten und hat dort eigene Weihnachtskerzen angezündet, die hell und lieblich auf meinen Lebensweg leuchteten.

CLAIRE BEYER

Angelo

Während der Regen wie eine wild gewordene Rentierherde gegen die Fensterscheiben trommelte, knisterte und wisperte das Holz im Kaminzimmer, das so hieß, seit die Familie sich diese zusätzliche Wärmequelle hatte einbauen lassen. Die Entscheidung dafür war nicht einstimmig gewesen. Aber vier Kinder haben ein lautes Stimmrecht, und hätten das Baby und die Katze den Grund der Abstimmung verstanden, wäre die Mehrheit noch deutlicher ausgefallen. Auch die Eltern lobten sich schließlich für die kostspielige Investition, denn seither fand das Familienleben hauptsächlich am Feuer statt. Sogar Valentin, der Älteste, schaute mit seinem omnipräsenten Smartphone ab und an vorbei. Ob Hausaufgaben oder eine eilig auszuführende Bastelarbeit, die zum bevorstehenden Weihnachtsfest fertig werden musste, ob Übe-Einheiten mit Blockflöte oder Geige, jeder beanspruchte seinen Platz im Zimmer, als gelte es, dem Raum seine Reverenz zu erweisen. Selbst das Baby ignorierte die bunten Bauklötze der Spielkiste und bediente sich erstaunlich flink am Brennholzstapel. Wie immer kam die Katze hinzu und half tatkräftig mit, da sie immer dabei war, wenn es darum ging, Ordnung in Chaos zu verwandeln. Baby und Katze, ein unzertrennliches Gespann.

Am Tag vor Heiligabend führte die Frage nach dem Platz für den Christbaum am Frühstückstisch fast zum Eklat. Erst als nachdrücklich an die Vernunft appelliert worden war, dass Baum und Kamin durch einen gewissen Abstand getrennt sein müssten, gaben die Kinder nach. Kaum aber war das geklärt, liefen die weiteren Vorbereitungen wie geplant: Den Baum holten Valentin und sein Vater beim Händler vor dem Supermarkt, wofür sie ziemlich lange brauchten, weil sie wussten, dass die Mädchen zu Hause jeden noch so kleinen Zweig kritisch begutachten würden. Als die Weißtanne schließlich aufgestellt war, hielt sich die Mutter bei der Bewertung des Kaufs zurück und verschwand stattdessen ins Schlafzimmer, einen großen Karton mit Geschenkpapier hinter sich herziehend. Weder das Baby noch die Katze durften mit, was großes Geschrei und Gemaunze auslöste. Allerdings legte sich das schnell, als der Vater die umfangreiche Weihnachtsdekoration großzügig im Zimmer ausbreitete. Zuvor hatte er den Christbaum mit einer Schnur fest mit einem in die Decke eingelassenen Haken verzurrt. Eine unabdingbare Vorsichtsmaßnahme angesichts der enormen Sprungkünste der Katze. Unzerbrechliche Kugeln, stabile Strohsterne sowie eine Schar rustikaler Engel und Schleifen wurden nach und nach an die Zweige gebunden. Nur auf Süßes wurde im Hinblick auf die Naschsucht des Babys verzichtet. Denn kaum hatte eines der Mädchen die Dose mit feinen Backwaren ins Zimmer gebracht, schob sich das Baby auf seinem Windelpaket in ihre Richtung. Natürlich die Katze im Schlepptau; die zwei teilten sich alles.

Wie jedes Jahr wurde heftiger gestritten, je länger die Schmück-Aktion andauerte. »Mehr Lametta«, forderte Felicitas, wogegen ihre beiden jüngeren Schwestern Merle und Mona lautstark protestierten. Die Sache erledigte sich dann von selbst, denn das Baby hatte in der Zwischenzeit das Tütchen mit den Goldfäden entdeckt, um in einer stillen Aktion aus ihnen Schnitzelchen zu reißen. Dann wollten Merle und Mona, dass die Dekoration einen rosaroten Grundton bekäme, was Valentin jedoch vehement ablehnte. Der Vater war damit überfordert, die Unstimmigkeiten zu entwirren, was auch für die Kabel der elektrischen Beleuchtung galt. Die Lichterketten hatten sich übers Jahr hinweg aus Langeweile oder Übermut so ineinander verknotet, dass er sich gezwungen sah, neue kaufen zu gehen. Valentin fuhr mit. Währenddessen war auch die rosa Angelegenheit vom Tisch. Der Baum sollte, frei nach Walter Gropius: »Bunt ist meine Lieblingsfarbe«, vor allem vielfarbig werden. Felicitas, die immer auf alles eine Antwort wusste, hatte den Kompromiss ausgehandelt und kommentierte: »Dann ist für alle was dabei.«

Die neuen Lichterketten waren angebracht, aber auch dieses Jahr musste zum krönenden Abschluss der Familien-Rauschgoldengel die Baumspitze zieren. Insgesamt eine nicht ungefährliche Angelegenheit, auch ohne die Einmischung vom Baby oder der Katze. Die beiden hatten sich inzwischen der Lichterketten angenommen, die der Vater in einem Wutanfall auf den Boden geworfen hatte. Was ihm nicht gelungen war, schafften sie ohne große Mühe. Wie ein gespanntes Seil hing das einstige Gewirr quer im Zimmer. Unglücklicherweise stand der Vater schon auf der Leiter, als Mona und Merle mit dem Rauschgold-Engel auf dem Weg zu ihm waren und die Stolperfalle zuschlug. Merle fiel gegen die Aluminium-Sprossen und Mona auf den Familien-Engel. Das Gepolter trieb die Mutter aus dem Schlafzimmer. Sie sah ihre Älteste, die mit erschrockenem Gesicht wie erstarrt dastand, sah Merle, die sich heulend das linke Knie hielt. Sah Mona, die betroffen schaute, und sah das Baby, das die Katze streichelte.

Merles Knie bekam einen elastischen Verband. Der Schaden am Rauschgold-Engel war hingegen zu schwer, als dass er hätte gerettet werden können. Merle war untröstlich. Der Baum sei ohne Engel kein Weihnachtsbaum mehr, schluchzte sie auf und senkte weinend den Kopf auf ihre Knie.
Gerade rechtzeitig reagierte die Mutter auf die plötzlich eingetretene Stille. Mona, das Baby und die Katze waren

schon im Schlafzimmer verschwunden, dessen Tür weit offen geblieben war. Ein verzeihlicher Fehler der Mutter, angesichts des vorangegangenen Trubels. Schnell wurde das Baby am Windelpaket gepackt, Mona hinausgescheucht, ebenso die Katze. Bevor das Baby nun die unbeobachtete Keksdose an sich reißen konnte, brachte Valentin das Gebäck in Sicherheit. Mehr Durcheinander ertrug er an diesem Tag nicht. Zuvor nahm er noch die alten Lichterketten an sich, die mit buchstäblich unschuldiger Gleichgültigkeit am Boden lagen.

Spät am Abend war endlich Ruhe eingekehrt. Der Baum stand stolz in der Ecke, als wüsste er von seiner Bedeutung, er funkelte geradezu, auch ohne Rauschgold-Engel und elektrische Lämpchen, die erst an Heiligabend leuchten würden. Die verwaiste Spitze zierte ein kleiner Goldstern, der sich all die Jahre im Karton versteckt gehalten hatte. Die kunterbunte Dekoration war ansonsten schön wie in keinem Jahr zuvor, darüber waren sich alle einig. Nur die Katze schien sich nicht dafür zu interessieren. Sie lag schlummernd in der Weihnachtskrippe, das Christuskind, Maria und Josef sowie Ochs und Esel unter sich begraben. Alle anderen schliefen in ihren Betten, erwartungsfroh Heiligabend entgegenträumend.

Allein Valentin war noch wach. Er musste seine 400 Freunde unbedingt an den Ereignissen des Tages teilhaben lassen. Unter der Überschrift »Gefallener Engel« postete er ausführlich, was sich in den letzten Stunden zugetragen hatte, und versah das Ganze noch mit einer Reihe passender Symbole. Das dauerte. Nachdem er aber als Resonanz die ersten hundert *Likes* bekommen hatte, schlief auch er ein.

Der 24. Dezember käme an Bedeutung noch vor ihrem Geburtstag, verkündete Merle mit einem letzten Tränchen im Auge am Frühstückstisch. Sie war vor allen anderen aufgestanden, hatte den Tisch gedeckt, den Baum begrüßt und sich bei ihm dafür entschuldigt, dass er ohne Engel auskommen müsse. Die gute Stimmung der Familie war kaum zu übertreffen. Zwar redeten alle durcheinander, das aber in freundlichem Ton. Später verabschiedete sich der Vater mit der Begründung, im Büro nochmals nach dem Rechten sehen zu müssen, aber sie alle wussten, dass er sich – wie in jedem Jahr – hektisch auf die Suche nach einem Geschenk für Mutter machte. Liebevoll drückte sie ihm noch einen Schirm in die Hand, denn der Regen hatte nicht nachgelassen, ganz im Gegenteil, die nasse Rentierherde schien Nachwuchs bekommen zu haben.
Valentin legte sein Smartphone weg und half der Mutter in der Küche. Wie in allen Jahren zuvor gab es vor der Bescherung Kartoffelsalat mit Würstchen und für Merle, die kein Fleisch aß, einen Gemüsebratling. Mutter und Sohn waren an solchen Tagen ein eingespieltes Team und genossen die Zweisamkeit, denn die drei Mädchen besuchten zusammen mit dem Baby traditionell die Tante,

um ihr Plätzchen vorbeizubringen und im Gegenzug ihre Geschenke in Empfang zu nehmen. Auch wenn Valentin seine Geschwister mochte, vermisste er manches Mal die ungeteilte Aufmerksamkeit seiner Mutter. Obwohl er sie an Größe längst überragte, ließ er sich gern von ihr in den Arm nehmen.
Für den frühen Nachmittag war ein musikalischer Auftritt im Altersheim der Stadt geplant. Die Kinder boten ein kleines Programm, das dankbare Zuhörer fand. Das Baby wurde unterdessen liebevoll herumgereicht und von den Bewohnern mit Keksen gefüttert, weshalb es die ganze Zeit friedlich blieb.

Es dunkelte bereits, als die Familie den Heimweg antrat. Bald würde es die Bescherung geben. Weil die Eltern zwischen dem Schlafzimmer und dem Kaminzimmer geheimnisvolle Dinge hin- und herschleppten, wurden die Mädchen und Valentin in das Esszimmer verbannt, wo sie den Tisch decken mussten. In diesem Moment läutete es an der Haustür. Mit einer Geschwindigkeit, die man nicht für möglich gehalten hätte, robbte das Baby zum Eingang, die Katze ihm nach. Fragend öffnete der Vater die Tür, hinter sich eine neugierige Gefolgschaft. Sie alle sahen auf

einen durchnässten jungen Mann. Sein schmales Gesicht glänzte. Für einen kurzen Moment herrschte auf beiden Seiten Sprachlosigkeit, doch schließlich fragte der Vater, etwas verwundert, ja bitte? Die Kapuze vom tropfnassen Haar ziehend, antwortete der junge Mann mit feiner leiser Stimme, er sei Angelo und wolle, wenn möglich, *per favore*, zu Valentin.
Angelos dunkle Locken reichten ihm bis fast zur Schulter. Nachdem er hereingebeten worden war und die Mutter ihm ein Handtuch geholt hatte, stellte Felicitas seine triefenden Turnschuhe vor dem Kamin auf einem Stapel alter Zeitungen ab, was die sofortige Aufmerksamkeit des Babys und der Katze auf sich zog. Nicht lange, und jeder der beiden hatte einen Schnürsenkel im Mund.
Alle anderen Augenpaare sahen Valentin erwartungsvoll an. Er aber zuckte nur mit den Schultern: keine Ahnung! Angelo wandte sich direkt an Valentin: »Du kennst doch Maria. Die aus deinem sozialen Netzwerk?!« Valentin nickte leicht mit dem Kopf.
»Maria ist meine Cousine. Sie hat in deinem Post gelesen, was da bei dir – bei Ihnen«, fügte er entschuldigend dazu, »was da mit dem Rauschgold-Engel passiert ist. Und das zu Weihnachten! Maria hat mir alles erzählt.«
Felicitas hatte in der Zwischenzeit ein Glas Saft für Angelo geholt, der es dankbar annahm.
»Es ist so. Mein Name ist Angelo, also Engel! Ich habe in meinem Leben drei Engel geschenkt bekommen. Einen zu meiner Geburt, einen zur Kommunion und einen zur Fir-

mung. Ich möchte Ihnen einen der Engel zu Weihnachten schenken, als, wie sagt man: Gabe. Damit alles so ist, wie es zu eurem Fest sein soll!«
Er griff in die Tüte und holte umständlich einen in Watte verpackten wunderschönen, goldglänzenden, weißlockigen, italienisch-barocken Rauschgold-Engel hervor.
Noch bevor jemand reagieren oder fragen konnte, küsste Angelo das Baby, den anderen drückte er der Reihe nach die Hand, schlüpfte in seine feuchten Schuhe und verließ mit einem leisen »Buon Natale« den Raum, ging hinaus in den Regen, der noch immer nicht nachgelassen hatte.

JOSEPH VON EICHENDORFF

Weihnachten

Markt und Straßen stehn verlassen,
still erleuchtet jedes Haus,
sinnend geh ich durch die Gassen,
alles sieht so festlich aus.

An den Fenstern haben Frauen
buntes Spielzeug fromm geschmückt,
tausend Kindlein stehn und schauen,
sind so wunderstill beglückt.

Und ich wandre aus den Mauern
bis hinaus ins freie Feld,
hehres Glänzen, heil'ges Schauern!
Wie so weit und still die Welt!

Sterne hoch die Kreise schlingen,
aus des Schnees Einsamkeit
steigt's wie wunderbares Singen –
O du gnadenreiche Zeit!

EMILY UND FRITZ KOGEL

Der Bratapfel

Kinder, kommt und ratet,
was im Ofen bratet!
Hört, wie's knallt und zischt!
Bald wird er aufgetischt,
der Zipfel, der Zapfel,
der Kipfel, der Kapfel,
der gelbrote Apfel.

Kinder, lauft schneller;
holt einen Teller,
holt eine Gabel!
Sperrt auf den Schnabel
für den Zipfel, den Zapfel,
den Kipfel, den Kapfel,
den goldbraunen Apfel.

Sie pusten und prusten,
sie gucken und schlucken,
sie schnalzen und schmecken,
sie lecken und schlecken
den Zipfel, den Zapfel,
den Kipfel, den Kapfel,
den knusprigen Apfel.

RITA FEHLING

Plätzchenduft im ganzen Haus

Wieder diese dunkle Jahreszeit. Wieder Dezember. Wieder diese langen Nächte und kurzen Tage. Und wieder die Familie, die quengelt, ich soll Plätzchen backen. »Nein!«, sage ich dieses Mal entschieden. »Ich backe in diesem Jahr keine Plätzchen.« Mann und Sohn gucken mich an, als ob ich ihnen soeben mitgeteilt hätte, dass ich beabsichtige, nach Timbuktu auszuwandern. Alles, nur das nicht. Sie flehen. Sie nölen. Sie schimpfen. Und ich argumentiere damit, dass es keinen Spaß macht, viele Stunden in der Küche zuzubringen, nochmals Stunden mit deren Reinigung beschäftigt zu sein, die Produkte meiner Schweiß treibenden Arbeit sich noch am Backtag bis auf die Hälfte dezimieren zu sehen, um dann festzustellen, dass anschließend niemand mehr von den Keksen isst. Nicht nur nicht im Dezember, nein auch am Fest selbst wird alles Mögliche gegessen und genascht, nicht aber Mutters Kekse.
Ich schlug vor, in eine gute Konditorei zu gehen und ein paar von diesen wunderbaren Keksen zu kaufen, die so schön aussehen, wie ich es niemals hinkriegen würde. Aber sie schüttelten beide heftig die Köpfe und argumentierten: »Aber das riecht doch so schön im ganzen Haus.« Okay, da hatten sie ja nun recht. Trotzdem habe ich keine Lust, Kekse für den Mülleimer zu produzieren. Basta!

Im letzten Jahr hatte ich logisch überlegt und nur noch die Hälfte Kekse gebacken. In der Hoffnung, dass dann alle an einem Tag aufgegessen würden. Aber die Rechnung ging nicht auf. Erstens hatte ich fast genau so viel Arbeit, weil es der verschmutzten Küche egal ist, ob zehn oder fünf Bleche gebacken wurden, und zweitens haben sie von der Hälfte eben wieder nur die Hälfte gegessen. Ob sie es unverschämt gefunden hätten, alles auf einmal zu essen, oder ob ausgerechnet im letzten November ihr Keksappetit nur halb so groß war, bleibt unbekannt. Mein Entschluss stand fester denn je: in diesem Jahr keine Kekse.

Nun waren meine beiden Süßen nicht gewillt, auf selbst gebackene Weihnachtssüßigkeiten zu verzichten. Und weil Muttern dieses Mal nicht als Produzentin zur Verfügung stand, passierte, was passieren musste. Die beiden wälzten Backbücher, kauften Frauenzeitschriften mit Plätzchenrezepten und bereiteten sich akribisch auf den großen Backtag vor. Wenn eine Frau kocht oder backt, geht sie in die Küche, schmeißt Ofen und Herd in Gang und legt los. Männer jedoch planen alles bis in die kleinste Kleinigkeit. Sie lasen die Rezepte, murmelten was von Kuvertüre, Petit Fours und viele andere leckere Ausdrücke. Ich schmunzelte, denn ich konnte mir nicht vorstellen, dass sie das hinkriegen würden. Meine Kekse, die ich immer genau nach Anweisung backte, sahen nie so umwerfend toll aus, wie sie in den Zeitschriften oder Backbüchern abgebildet waren. Aber die beiden hatten – so schien es – den Anspruch, es besser zu machen als ich.

Ich gebe zu, dass ich ein bisschen in meinem hausfraulichen Stolz gekränkt war. Und ein bisschen juckte es mich doch, ihnen zu zeigen, wer hier besser backen konnte. Doch ein Zurück gab es nun nicht mehr für mich. Zu viel hatte ich darangesetzt, mein Ziel zu erreichen. Um nicht in irgendeine Versuchung zu kommen, in den nachmittäglichen Backvorgang einzugreifen, verzog ich mich für einige Stunden.

Ja, es stimmt, ich war sehr neugierig, als ich nach Hause kam. Was dort dekorativ in einer Schale angerichtet war, verschlug mir den Atem. Vanillekipferl mit Puderzucker, Zimtsterne mit rosa Verzierungen und vieles mehr. »Alle Achtung!« Das Kompliment meinte ich wirklich ernst.

Erst am Abend im Bett fiel mir auf, dass etwas gefehlt hatte. Der Duft. Genau! Der Plätzchenduft im ganzen Haus.

PAULA DEHMEL

Weihnachten in der Speisekammer

Unter der Türschwelle war ein kleines Loch. Dahinter saß die Maus Kiek und wartete. Sie wartete, bis der Hausherr die Stiefel aus- und die Uhr aufgezogen hatte; sie wartete, bis die Mutter ihr Schlüsselkörbchen auf den Nachttisch gestellt und die schlafenden Kinder noch einmal zugedeckt hatte; sie wartete auch noch, als alles dunkel war und tiefe Stille im Hause herrschte. Dann ging sie. Bald wurde es in der Speisekammer lebendig. Kiek hatte die ganz Mäusefamilie benachrichtigt. Da kam Miek, die Mäusemutter, mit den fünf Kleinen, und Onkel Grisegrau und Tante Fellchen stellten sich auch ein.

»Frauchen, hier ist etwas Weiches, Süßes«, sagte Kiek leise vom obersten Brett herunter zu Miek, »das ist etwas für die

Kinder«, und er teilte von den Mohnpielen aus. »Komm hierher, Grisegrau«, piepste Fellchen und guckte hinter der Mehltonne vor, »hier gibt's Gänsebraten, vorzüglich, sag ich dir, die reine Hafermast; wie Nuss knuspert sich's.« Grisegrau aber saß in der neuen Kiste in der Ecke, knabberte am Pfefferkuchen und ließ sich nicht stören. Die Mäusekinder balgten sich im Sandkasten und kriegten Mohnpielen. »Papa«, sagte das größte, »meine Zähne sind schon scharf genug, ich möchte lieber knabbern, knabbern hört sich so hübsch an.«

»Ja, ja, wir wollen auch lieber knabbern«, sagten alle Mäusekinder, »Mohnpielen sind uns zu matschig«, und bald hörte man sie am Gänsebraten und am Pfefferkuchen. »Verderbt euch nicht den Magen«, rief Fellchen, die Angst hatte, selber nicht genug zu kriegen, »an einem verdorbenen Magen kann man sterben.« Die kleinen Mäuse sahen ihre Tante erschrocken an; sterben wollten sie ganz und gar nicht, das musste schrecklich sein. Vater Kiek beruhigte sie und erzählte ihnen von Gottlieb und Lenchen, die drinnen in ihren Betten lägen und ein hölzernes Pferdchen und eine Puppe im Arm hätten, und dass in der großen Stube ein mächtiger Baum stände mit Lichtern und buntem Flimmerstaat und dass es in der ganzen Wohnung herrlich nach frischem Kuchen röche, der aber im Glasschrank stände und an den man nicht herankönnte. »Ach«, sagte Fellchen, »erzähle nicht so viel, lass die Kinder lieber essen.« Die aber lachten die Tante mit dem dicken Bauch aus und wollten noch viel mehr wissen, mehr, als der gute Kiek selbst wusste. Zuletzt bestanden sie darauf, auch einen Weihnachtsbaum zu haben, und die zärtlichen Mäuseeltern liefen wirklich in die Küche und zerrten einen Ast herbei, der von dem großen Tannenbaum abgeschnitten war. Das gab einen Hauptspaß. Die Mäusekinder quiekten vor Entzücken und fingen an, an dem grünen Tannenholz zu knabbern; das schmeckte aber abscheulich nach Terpentin, und sie ließen es sein und kletterten lieber in dem Ast umher. Schließlich machten sie die ganze Speisekammer zu ihrem Spielplatz. Sie huschten hierhin und dorthin, machten Männchen, lugten neugierig über die Bretter in alle Winkel hinein und spielten Versteck hinter den Gemüsebüchsen und Einmachtöpfen; was sollten sie auch mit dem dummen Weihnachtsbaum, an dem es nichts zu essen gab! Als aber das Kleinste ins Pflaumenmus gefallen war und von Mama Miek und Onkel Grisegrau abgeleckt werden musste, wurde ihnen das Umhertollen untersagt, und sie mussten wieder artig am Pfefferkuchen knabbern.

Am anderen Morgen fand die alte Köchin kopfschüttelnd den Tannenast in der Speisekammer und viele Krümel und noch etwas, was nicht gerade in die Speisekammer gehört, ihr werdet euch schon denken können, was! Als Gottlieb und Lenchen in die Küche kamen, um der alten Marie Guten Morgen zu wünschen, zeigte sie ihnen die Bescherung und meinte: »Die haben auch tüchtig Weihnachten gefeiert.« Die Kinder aber tuschelten und lachten und holten einen Blumentopf. Sie pflanzten den Ast hinein und bekränzten ihn mit Zuckerwerk, aufgeknackten Nüssen, Honigkuchen und Speckstückchen. Die alte Marie brummte; da aber die Mutter lachend zuguckte, musste sie schon klein beigeben. Sie stellte alles andere sicher und ließ den kleinen Naschtieren nur ihren Weihnachtsbaum.

Die Kinder aber jubelten, als sie am zweiten Feiertage den Mäusebaum geplündert vorfanden, und hätten gar zu gern auch ein Dankeschön von dem kleinen Volke gehört. »Den guten Speck vergesse ich meinen Lebtag nicht«, sagte Fellchen, und Grisegrau biss eine mitgebrachte Haselnuss entzwei; Kiek und Miek aber waren besorgt um ihre Kleinen, die hatten zu viel Pfefferkuchen gegessen, und ihr wisst, liebe Kinder, das tut nicht gut!

CHRISTINE KLEIN

Oh du Fröhliche ärgert sich

Die dritte Strophe von *Oh du Fröhliche* war ziemlich verschnupft. Nicht wegen einer Erkältung, sondern im Sinne von verärgert. Wieder einmal war sie übergangen worden. Auf dem Weihnachtsmarkt spielte der Posaunenchor zwar wunderbar alle Noten, aber die wenigen sangesfreudigen Besucher brummelten nur: »Welt ging verloren« und noch weniger: »Christ ist erschienen«. Beim Text der dritten

Strophe war nur noch Schweigen übrig. »Ich habe keine Lust mehr«, rief die dritte Strophe, »man freut sich das ganze Jahr lang auf die Weihnachtszeit, ist bereit zu jauchzen, aber dann ... nein, diese Ignoranz, ich habe es satt«, schimpfte sie mit sizilianischem Temperament. Die Strophen zwei und drei von *Alle Jahre wieder* nickten mit dem Kopf. »Kennen wir«, pflichteten sie bei, »uns geht es oft ganz genauso. Viel zu oft bleiben wir still und unerkannt.« *Leise rieselt der Schnee* bestätigte die Missachtung der hinteren Strophen. »Für mich sind die Aussichten aber noch schlimmer«, klagte die sonst eher zurückhaltende Weise, »die Winter sind vielerorts ohne Schnee, bald werde ich völlig vergessen sein.« Das heilige *Sankt Martinslied* erwachte aus einem Nickerchen, das es um diese Jahreszeit gerne hielt, schließlich ist es Vorreiter der ganzen Adventszeit und hat sich jetzt eine Pause verdient. »Stellt euch vor«, klagte es, »meine Geschichte wird oft nur noch bis zum Bettler im Schnee gesungen, da fehlt doch der Höhepunkt, die gute Tat, das Teilen des Mantels mit dem Schwert, das wird einfach weggelassen. Es ist skan-da-lös« rief *Sankt Martin* übertrieben theatralisch aus, wie es so seine Art war. Die vornehme *Stille Nacht* schaltete sich ein: »Ich verstehe eure Probleme nicht«, hauchte sie affektiert. »Ich bin seit mehr als hundert Jahren ein weltweit bekannter Hit und werde immer und überall gerne zur Aufführung gebracht. Qualität setzt sich eben durch.« »Qualität – pah, dass ich nicht O-Wie-Lache«, bemerkte *O Tannenbaum* süffisant, aber die *Stille Nacht* überging diesen Seitenhieb gelassen.

Die Lieder und Strophen redeten eine ganze Weile hin und her. Es tat ihnen richtig gut, dass sie ihrem Ärger einmal freien Lauf lassen konnten. Da empörten sich die zweiten Strophen, dass sie sich wie Sandwichbelag eingeklemmt zwischen ersten und dritten Versen fühlten, man sie häufig überspringe und gleich zur dritten Strophe überging. Sogar großartige Chöre in großartigen Kirchen wären manchmal so unverfroren. Vielleicht damit sie in eine Fernseh- oder Radiosendung passten.

Als die dritte Strophe von *Oh du Fröhliche* nun merkte, dass sie mit ihrem Ärger nicht alleine war, verflog dieser wieder und löste sich auf. Sie besann sich und besuchte mit den anderen Liedern zusammen einen Kindergarten. Dort hieß man sie herzlich willkommen. Alle jauchzten lautstark alle Strophen und alle waren fröhlich. Auch im Bus der Linie 23 gab es eine immer fröhliche Fahrerin, die in der Weihnachtszeit mit allen Strophen durch die kleine Stadt fuhr. Genau wie Francesco und Karl, die beiden Müllwerker, die sogar zweistimmig bei der Arbeit sangen.

Aber seit diesem einen Tag treiben die Strophen hin und wieder einen Schabernack und drängeln sich einfach mal vor. Wenn ihr gut aufpasst und bemerkt, dass im Advent bei einem Konzert etwas durcheinandergeht, vielleicht eine zweite Strophe vor der ersten gesungen wird, dann wisst ihr jetzt warum.

GERDT VON BASSEWITZ

Peterchens Mondfahrt

Die Weihnachtswiese

Hier waren noch niemals Kinder gewesen; es war ein unbeschreibliches Glück für die beiden kleinen Reisenden, dass ihnen die Nachtfee erlaubte, dies zu sehen. Der Maikäfer durfte übrigens auch mit, denn es wäre doch leicht möglich gewesen, dass der große Bär ihn tottrat oder vielleicht gar auffraß, wenn er mit ihm eine Weile allein geblieben wäre. Ganz bescheiden krabbelte also der Sumsemann hinter den dreien her, als sie nun auf einem Goldkieswege zwischen kleinen grünen Tannenbäumchen weiterschritten. Die Luft war erfüllt von herrlichem Kuchenduft. Alle Kuchen der Welt schienen hier zu sein – besonders nach Pfefferkuchen roch es. Ein warmer, leiser Wind, der in den Zweigen der kleinen Tannen säuselte, trug ihnen diesen prächtigen Duft zu. Selbst das Sandmännchen bekam davon Kuchenappetit; es wischte sich den Mund sehr umständlich und tat so, als ob es niesen müsste, damit man's nicht merken sollte. Der Weg, auf dem sie durch das Tannenwäldchen gingen, war mit vergoldetem Schokoladenplätzchenkies bestreut. Das roch natürlich auch gut. Anneliese schnabulierte schnell mal ein Plätzchen und Peterchen auch. Wirklich, es waren Schokoladenplätzchen! – und was für welche! – hmmm!

Nun waren sie aus dem Wäldchen heraus. Einen Augenblick blieben sie stehen, vor Erstaunen ganz starr über das, was sie jetzt vor sich sahen.

Kein Traum hätte jemals etwas so Schönes zaubern können!

Eine weite, weite Landschaft lag vor ihnen: Gärten und Felder, Wälder und Wiesen, Hügel und Täler, Bäche und Seen, von einem goldenen Himmel hoch überspannt. Eine Spielzeuglandschaft war es, die fast so aussah wie eine richtige Landschaft, und doch anders, ganz anders – viel, viel zauberhafter. Nicht wie in einer gewöhnlichen Landschaft wuchsen da Kartoffeln oder Bohnen, Gras oder Klee, sondern hier wuchs das Spielzeug. Alles, was man sich nur irgend denken kann, wuchs hier; von den Soldaten bis zu den Püppchen und Hampelmännern, von den Murmelkugeln bis zu den Luftballons. Auf bunten Feldern und Wiesen, in niedlichen grünen Gärten, an Sträuchern und Bäumchen, überall sprosste, blühte und reifte es.

Eine Bilderbücherwiese war da, auf der alle Bilderbücher wie Gemüse wuchsen. Das sah sehr bunt und vergnügt aus; manche waren noch nicht entfaltet und wie Knospen in ihren Hüllen, kleine Rollen in allen Farben; manche waren schon auf, schaukelten im Winde und blätterten um. Daneben sah man Beete mit Trompeten und Trommeln. Wie Kürbisse und Gurken kamen sie aus der Erde hervor. Nicht weit davon waren große Rasenfelder mit Soldaten bewachsen, die zum Teil schon weit aus der Erde herausguckten, zum Teil noch bis an den Hals darin steckten oder erst mit der Helmspitze hervorsahen wie kleine Spargel. Dann war ein Feld dort, auf dem die Petzbären wuchsen. Ein kleiner grüner Zaun lief ringsherum, denn einige von den drolligen Tierchen waren schon reif, von ihren Wurzeln los und purzelten quiekend herum. Auf der andern Seite wieder waren Gärten mit großen und kleinen Sträuchern, an denen Bonbons in allen Farben und Größen wuchsen. Kleine Teiche von roter und gelber Limonade glänzten zwischen Schilfwiesen, in denen aus den raschelnden Halmen silbrige Schilfkeulen wuchsen – die Zeppelinballons, niedliche, summende Flugmaschinen flogen dort als Libellen herum. Ganz besonders schön waren auch die großen Tannen, an denen die vergoldeten Äpfel und Nüsse wuchsen, und die Pfefferkuchenbäume. Sie standen meistens in Gruppen auf kleinen, runden Plätzen mit Krachmandelkies. Überall hörte man in Bäumchen und Sträuchern eine süße Zwitschermusik. Die kam von den bunten Spielzeugvögelchen, die zwischen Pfefferkuchenzweigen und Bonbonknospen herumhuschten. Sie hatten dort ihre Nesterchen, in denen sie fleißig Pfefferminzplätzchen legten. Viele brüteten auch, damit noch mehr Vögelchen zu Weihnachten auskröchen. Sie sind ja sehr beliebt bei den Kindern auf der Erde; besonders wenn sie mit Plätzchen gefüllt sind – man weiß das. Das Schönste aber, was man hier sehen konnte, war eigentlich der Puppengarten. Ein ganzer Wald von bunten Büschen und Bäumchen auf grünem Sammetrasen, von einem goldenen Zaun umgeben. An den Büschen und Bäumchen saßen Tausende und Abertausende von Puppen und Püppchen. Wie kleine Blumen wuchsen sie an den Zweigen; zuerst nur Knospen von Sammet oder Seide, dann Blümchen mit kleinen Gesichtern in der Mitte und dann endlich Püppchen oder Puppen mit Haar, Schuhen und Schleifen in allen Größen und Farben. An feinen silbernen Stielen hingen sie von den Zweigen und konnten abgepflückt werden. Ein kleiner See war auch im Puppengarten, ganz bedeckt mit wunderschönen Wasserrosen. Wenn die aufblühten und ihre weißen oder gelben seidenen Blätter auseinanderfalteten, so gab es einen kleinen, klingenden Knall, und in der offenen Blume lag ein rosiges Badepüppchen. Sehr lustig war das!

Ja, und dann gab's noch so einen kleinen, seltsamen Wald, ein wenig versteckt in einem tieferen Tal, so seitwärts, hinter einer Marzipanschweinezüchterei. Ganz kahl war's da, ohne ein Blättchen; nur Bäumchen mit Ruten. Immerfort pfiff ein Wind, dass die Ruten sich bogen. Kein Vögelchen zwitscherte, kein Flugmaschinchen summte; es war nicht sehr freundlich in dem Wald. Man brauchte ihn eigentlich auch gar nicht zu bemerken, so versteckt lag er. Aber er war doch da auf der Weihnachtswiese – der Rutenwald.

Man kann sich wohl denken, wie den Kindern zumute war, als sie alle diese zauberhaften Dinge sahen, während sie an der Hand des Sandmännchens über Krachmandel- und Schokoladenwege, über Zuckerbrücken und Marzipanstraßen hinwanderten zu einem kleinen sanft leuchtenden Berge, der die Mitte des Ganzen bildete. Dort liefen alle Wege und Straßen zusammen auf einen von Tannenbäumchen umhegten Platz. Auf diesem Platze aber – ja, das war das Allerschönste! stand die goldene Wiege des Christkindchens. Neben der Wiege, auf einem schönen, himmelblauen Großvaterstuhl saß der Weihnachtsmann in seinem pelzverbrämten Rock mit einer silbergrauen Pudelmütze und schneeweißem Bart. Er hatte eine lange, schöne Pfeife mit bunten Troddeln im Munde, aus der er ab und zu großmächtige Wolken in die Luft paffte. Dazu wiegte er leise die goldene Wiege, und über der Wiege schwebte still ein leuchtender Heiligenschein. Es war sehr feierlich, es war sehr schön!
Nun sah der Weihnachtsmann die kleinen Besucher, die da ankamen. Ein freundliches Lächeln huschte über sein Gesicht – er wusste schon Bescheid –, stand auf, kam ihnen entgegen und sagte:
»Ei, ei, das ist mir eine Freude!
Guten Tag, ihr lieben Kinderchen beide
und Sandmännchen und Maikäfermann;
Willkommen hier auf der Weihnachtswiese!«
Und dann gab er den Kindern die Hand. Peterchen war noch ein wenig schüchtern und Anneliese erst recht; es war auch wirklich ein sehr feierlicher Augenblick. Aber der

gute Weihnachtsmann streichelte ihnen die Köpfe und die Bäckchen und sagte:

»Nun Peterchen? – Nun Anneliese?
– Jaja, ich kenn euch, wisst ihr's nicht mehr?
Ich kenne euch gut, noch von Weihnachten her!
Artig wart ihr alle beide;
Ich weiß es, ihr macht eurem Mütterchen Freude.«

Die Kinder erinnerten sich natürlich ganz genau, wie der Weihnachtsmann damals gekommen war mit Nüssen und Äpfeln und das Weihnachtsbäumchen gebracht hatte. Wahrscheinlich hatte er auch die vielen anderen schönen Sachen gebracht, die nachher auf dem Weihnachtstisch lagen. Das dachten sie sich jetzt, nachdem sie gesehen hatten, dass hier alles Spielzeug wuchs. Der Weihnachtsmann hatte nämlich damals lange mit Muttchen gesprochen, nachdem sie ihren Spruch schön hergesagt hatten, und dann aus einem großmächtigen Sack, der ihm über den Rücken hing, alles Mögliche herausgenommen. Muttchen hatte das schnell in die Weihnachtsstube gebracht; dann hatte der Weihnachtsmann genickt, genauso freundlich wie jetzt, und war verschwunden. Natürlich kannten sie ihn!

Und so fasste Peterchen sich Mut, erzählte, was er vom vorigen Weihnachten wusste, und Anneliese nickte eifrig mit dem Kopf dazu. Ja, es stimmte! Der Weihnachtsmann bestätigte alles so freundlich, dass die Kinder jede Scheu verloren und sich zutraulich an ihn drängten.

Ein sehr spaßiges Männchen sprang da noch mit einer kleinen Gießkanne bei den Weihnachtsbäumen herum

und begoss immerfort. Dazu sang es mit seinem dünnen Stimmchen:
»O Tannebaum, O Tannebaum,
Wie grün sind deine Blätter!
Du grünst nicht nur zur Sommerszeit,
nein auch im Winter, wenn es schneit;
O Tannebaum, O Tannebaum,
wie grün sind deine Blätter!«
Peterchen musste plötzlich laut lachen. Der Weihnachtsmann aber erklärte, dies sei das Pfefferkuchenmännchen, sein Gehilfe, der schrecklich viel zu tun hätte mit dem Begießen und Pflegen all der schönen Sachen. Davon wäre er zu Weihnachten so mürbe und braun. Das Männchen sprang zwischen den Bäumchen herum wie ein kleiner Floh und begoss – mit Zuckerwasser!!
Am meisten aber waren die Kinder jetzt neugierig auf das Christkindchen. Auf den Zehenspitzen schlichen sie näher; denn der Weihnachtsmann sagte:
»Es schläft, um sich das Herz zu stärken
zu allen seinen Liebeswerken.
Derweil muss ich es wiegen und warten,
hier oben im stillen Weihnachtsgarten.
Und wenn unsre Stunde gekommen ist,
in der Winterszeit, zum heiligen Christ,
dann weck ich es ganz leise, leise,
und wir machen uns auf die weite Reise
durch Nacht und Wälder, durch Schnee und Wind,
dorthin, wo artige Kinder sind.«

Ja, da lag es, tief in den schneeweißen Kissen, mit goldblonden, strahlenden Locken, und schlief. Die Kinder falteten leise die Hände und knieten ganz von selbst neben der Wiege nieder, so schön und so heilig war es. Als sie aber niederknieten, knieten auch der Weihnachtsmann und das Pfefferkuchenmännchen mit ihnen. In demselben Augenblick ging ein wundersames Klingen durch die Luft, als sängen tausend kleine Weihnachtsengelchen das Weihnachtslied. Als Anneliese und Peterchen es hörten, sangen sie unverzagt mit, und ihre Stimmen klangen so schön mit den Engelstimmchen zusammen, dass sie ganz glücklich waren. Während des Gesanges aber fiel vom Himmel herab ein goldener Schnee, der duftete schöner als alle Blumen der Welt. Auf allen Bäumen und Bäumchen ringsum glühten Lichterchen auf, und große Sterne strahlten vom Wipfel jeder Tanne im Garten. Himmelsschön war es eigentlich und gar nicht zu beschreiben. Es war aber schon wieder Zeit zur Reise. Das Sandmännchen winkte zum Aufbruch, und von fernher hörte man auch den Bären brummen und stampfen, der ungeduldig wurde wie ein Pferdchen, das nicht mehr warten will. So gaben die Kinder dem Weihnachtsmann die Hand und bedankten sich sehr schön. Der lachte freundlich und steckte schnell noch jedem ein ganz frisches Pfefferkuchenpäckchen ins Körbchen. Dann nickte er dem Sandmännchen zu, setzte sich

in seinen Großvaterstuhl, paffte riesengroße steingraue Wolken aus der Pfeife und wiegte das heilige Kindchen. Dazu sprang das Pfefferkuchenmännchen im Hintergrunde zwischen den Tannen herum, begoss und sang sein Liedchen.
So war alles wieder wie vorher. Die drei Abenteurer aber eilten mit dem Sandmännchen zum Eingangstor zurück, über die Zuckerbrücken und Schokoladenwege, schnell, schnell!
Besonders der Sumsemann hatte es eilig dabei, denn ihm hatte es am wenigsten gut gefallen. Gar nichts war da gewesen für ihn! Lauter Zucker, Marzipan, Mandeln, Rosinen, Limonade, Schokolade! Kein Blättchen gab's, nur Tannen, Bonbonsträucher und Pfefferkuchenbäume – brrrrrrr!! Nein, solche Gegend passte ihm nicht!
Er hatte allerdings einen Kameraden gefunden, einen Spielzeugmaikäfer. Aber als er sich ihm vorstellte, wie sich das gehört, hatte der Kerl bloß gerasselt und geklappert mit seinen Beinen und Flügeln; nicht einmal anständig summen konnte er. Natürlich, er war aus Blech und hatte statt eines klopfenden, ritterlichen Käferherzens nur ein paar blecherne Räder und eine Uhrfeder in der Brust. Aber sechs Beinchen hatte dieser Blechkerl! Das war wirklich ärgerlich! Er, ein echter Maikäfer, wurde von dem Rasselfritzen mit einem Beinchen übertroffen. So packte ihn wieder die grimmigste Sehnsucht nach seinem Beinchen,

und emsig wie ein Feuerwehrmann, wenn's brennt, lief er neben den Kindern her. Endlich ging's ja zum Beinchen, zum Mondberg, zur Erfüllung des großen Wunsches der Sumsemänner!

Da taten sich vor ihnen auch schon die Tore auseinander, der Bär stand schnaufend zum Ritt bereit und schüttelte vor Freude den dicken Kopf, dass seine kleinen Reiter wieder da waren. Schnell saßen sie auf seinem Rücken im weichen Fell. Vor ihnen lag die weite Mondlandschaft, hinter ihnen schlossen sich leise die Tore der Weihnachtswiese und… fort ging's über den watteweißen, sonderbar schimmernden Boden des Mondes, dem großen Berg zu, der mit seinen seltsamen Formen wie ein riesenhafter Schlagsahnekegel vor ihnen in der Ferne lag.

JULIUS KREIS

Backen

Der Advent hat seinen eigenen Duft. Fast in jeder Wohnung spürt man ein Rüchlein davon: Kripperlrinde, Tannenzweige, Wachs und vor allem in den Küchen und Gängen von Mal zu Mal genau vertraute Geschmäcklein nach Weihnachtsgebackenem, nach Zucker und gewürztem Teig, nach Zitronat, Mandeln, Maronen, Arrak... In den Bürgerhäusern ist noch aus Urgroßmutters Tagen ein vergilbtes, stockfleckiges Heft da. Die Schrift darin ist mit Liebe und Sorgfalt, mit kleinen biedermeierlichen Schnörkeln gesetzt, alte Maße und Gewichte finden sich: ein »Maßl« Mehl, zehn »Loth« Zucker, ein »Deka« Muskat, ein bisschen umständlich ist alles beschrieben: »Man nehme«... »alsdann tue man«... »rühre das Ganze emsig und gut ineinander«...
Dann wechselt die Schrift: Großmutter hat das Buch fortgeführt, die Mutter hat es ergänzt. Ein Geschlecht von Schriften, ein Geschlecht von Köchinnen. Zwischenhinein haben Kinderfinger, die nun auch längst alt und knorpelig geworden sind, ihr Krickelkrakel gemalt. Für Marzipan, Butterteig, Haselnuss, Zimtsterne, für drei Dutzend guter Weihnachtssachen ist hier der rechte Wegweiser.
Weihnachtsbackwerk muss jenseits der Alltagsküche hergestellt werden. Am späten Nachmittag, am Abend. Herrliche Erinnerung aus der Kinderzeit: Da kam man an

einem frostigen Dezembertag rotgefroren, die Schlittschuhe in den klammen Fingern, gegen Abend heim, und aus der geöffneten Wohnungstür roch es nach heißem Kaffee. Die Rohrnudel lag neben der Tasse, die Petroleumlampe qualmte schon, aber noch etwas lag in der Luft: Weihnachtsgebäck! Dann jagte uns die Mutter mit freundlichem Schelten vom Tisch weg und kam mit Teigschüssel und Nudelbrett, mit Orangeat und Zitronat, mit Haselnüssen und Nusskernen, und da wurde gewalkt und geschlagen, geschnitten und gerieben. Die Mädchen durften dabei die Hand reichen. Wir Kleinen aber sahen mit runden, gierigen Augen auf Rosinen und Zibeben, Nüsse und Zucker, und es kribbelte in den Händen...Da hatte die Mutter ein Einsehen und schob jedem ein paar Kerne und Weinbeerl zu. An ihnen hing schon Weihnachten. War erst der Teig ausgewalkt, so kam das hohe Fest des Ausstechens und bei Marzipan des Modellierens. Da tat wohl auch der gestrenge Vater mit und machte manchmal einen Spaß dabei. Da lagen sie nun, die Sternlein und Blumen, Hasen und Vögel, die Glocken und Herzen. Und im Marzipanteig wölbten sich Ross und Reiter, Rosen und Tulpen, hoben sich Gockelhähne, Rehfamilien und Schäferinnen. Wie ein süßer Zauberberg roch die Stube. Wurden die Teigreste wieder zusammengewalkt, so stibitzte man immer ein Fetzchen von dem süßen, rohen Teig, und das schmeckte fast noch besser als das Gebäck selbst. Man blieb länger auf an solchen Abenden, und wenn die ersten Plätzchen heiß und duftend aus dem Rohr kamen, reckte alles die Hälse.

Ganz besondere Sorgfalt und Liebe wurde dem Kletzenbrot zugewandt. In Altbayern wie in Schwaben ist es seit alters her das Weihnachtsbrot, diese Laibe und Wecken aus Dörr-Birnen, Rosinen und Gewürz. Auch von den ländlichen Vettern und Basen traf immer ein Kistl ein, in dem neben hartem, schwarzem Rauchfleisch ein Kletzenwecken lag. Da verglich man eifrig Geschmack und Beschaffenheit des eigenen und des fremden. Aber uns Kindern schmeckte das fremde Brot, obwohl es rauer war, natürlich viel besser. Die Kirschen in Nachbars Garten …

War ausgebacken, so wurde alles Backwerk in die großen Schachteln getan, die standen im Kammerl auf dem höchsten Kasten und warteten auf die weihnachtliche Erlösung. Sehnsüchtig gingen die Kinderaugen da hinauf und bettelten bei der Mutter. Die ließ sich dann manchmal doch erweichen und spendierte für besondere Bravheit, für außergewöhnlichen Fleiß hin und wieder ein Stückl, nicht ohne zu seufzen: »Ihr Fresssäck, ihr glustigen – was soll denn da für Weihnachten bleibn!« Aber es blieb immer noch genug, um jedes Körbchen bis zum Rand zu füllen, und selig war man dann, wenn man ein Stückl wiedererkannte, das man selbst ausgestochen hatte.

Kindheitsträume und Weihnachtswunder

THEODOR STORM

Weihnachten

Mir ist das Herz so froh erschrocken,
das ist die liebe Weihnachtszeit!
Ich höre fern her Kirchenglocken
mich lieblich heimatlich verlocken
in märchenstille Herrlichkeit.

Ein frommer Zauber hält mich wieder,
anbetend, staunend muss ich stehn;
es sinkt auf meine Augenlider
ein goldner Kindertraum hernieder,
ich fühl's, ein Wunder ist geschehn.

MARIE LUISE KASCHNITZ

Das Wunder

Die Schwierigkeit, die man im Verkehr mit Don Crescenzo hat, besteht darin, daß er stocktaub ist. Er hört nicht das geringste und ist zu stolz, den Leuten von den Lippen zu lesen. Trotzdem kann man ein Gespräch mit ihm nicht einfach damit anfangen, daß man etwas auf einen Zettel schreibt. Man muß so tun, als gehöre er noch zu einem, als sei er noch ein Teil unserer lauten, geschwätzigen Welt.
Als ich Don Crescenzo fragte, wie das an Weihnachten gewesen sei, saß er auf einem der Korbstühlchen am Eingang seines Hotels. Es war sechs Uhr, und der Strom der Mittagskarawanen hatte sich verlaufen. Es war ganz still, und ich setzte mich auf das andere Korbstühlchen, gerade unter das Barometer mit dem Werbeschild der Schiffahrtslinie, einem weißen Schiff im blauen Meer. Ich wiederholte meine Frage, und Don Crescenzo hob die Hände gegen seine Ohren und schüttelte bedauernd den Kopf. Dann zog er ein Blöckchen und einen Bleistift aus der Tasche, und ich schrieb das Wort Natale und sah ihn erwartungsvoll an.
Ich werde jetzt gleich anfangen, meine Weihnachtsgeschichte zu erzählen, die eigentlich Don Crescenzos Geschichte ist. Aber vorher muß ich noch etwas über diesen Don Crescenzo sagen. Meine Leser müssen wissen, wie arm er einmal war und wie reich er jetzt ist, ein Herr über hundert Angestellte, ein Besitzer von großen Wein- und

Zitronengärten und von sieben Häusern. Sie müssen sich sein Gesicht vorstellen, das mit jedem Jahr der Taubheit sanfter wirkt, so als würden Gesichter nur von der beständigen Rede und Gegenrede geformt und bestimmt. Sie müssen ihn vor sich sehen, wie er unter den Gästen seines Hotels umhergeht, aufmerksam und traurig und schrecklich allein. Und dann müssen sie auch erfahren, daß er sehr gern aus seinem Leben erzählt und daß er dabei nicht schreit, sondern mit leiser Stimme spricht.

Oft habe ich ihm zugehört, und natürlich war mir auch die Weihnachtsgeschichte schon bekannt. Ich wußte, daß sie mit der Nacht anfing, in der der Berg kam, ja, so hatten sie geschrien: Der Berg kommt, und sie hatten das Kind aus dem Bett gerissen und den schmalen Felsenweg entlang. Er war damals sieben Jahre alt, und wenn Don Crescenzo davon berichtete, hob er die Hände an die Ohren, um zu verstehen zu geben, daß dieser Nacht gewiß die Schuld an seinem jetzigen Leiden zuzuschreiben sei.

Ich war sieben Jahre alt und hatte das Fieber, sagte Don Crescenzo und hob die Hände gegen die Ohren, auch dieses Mal. Wir waren alle im Nachthemd, und das war es auch, was uns geblieben war, nachdem der Berg unser Haus ins Meer gerissen hatte, das Hemd auf dem Leibe, sonst nichts. Wir wurden von Verwandten aufgenommen, und andere Verwandte haben uns später das Grundstück gegeben, dasselbe, auf dem jetzt das Albergo steht. Meine Eltern haben dort, noch bevor der Winter kam, ein Haus gebaut. Mein Vater hat die Maurerarbeiten gemacht, und meine Mutter hat ihm die Ziegel in Säcken den Abhang hinuntergeschleppt. Sie war klein und schwach, und wenn sie glaubte, daß niemand in der Nähe sei, setzte sie sich einen Augenblick auf die Treppe und seufzte, und die Tränen liefen ihr über das Gesicht. Gegen Ende des Jahres war das Haus fertig, und wir schliefen auf dem Fußboden, in Decken gewickelt, und froren sehr.

Und dann kam Weihnachten, sagte ich und deutete auf das Wort Natale, das auf dem obersten Zettel stand.

Ja, sagte Don Crescenzo, dann kam Weihnachten, und an diesem Tage war mir so traurig zumute, wie in meinem ganzen Leben nicht. Mein Vater war Arzt, aber einer von denen, die keine Rechnungen schreiben. Er ging hin und behandelte die Leute, und wenn sie fragten, was sie schuldig seien, sagte er, zuerst müßten sie die Arzneien kaufen und dann das Fleisch für die Suppe, und dann wolle er ihnen sagen, wieviel. Aber er sagte es nie. Er kannte die Leute hier sehr gut und wußte, daß sie kein Geld hatten. Er brachte es einfach nicht fertig, sie zu drängen, auch damals nicht, als wir alles verloren hatten und die letzten Ersparnisse durch den Hausbau aufgezehrt waren. Er versuchte es einmal, kurz vor Weihnachten, an dem Tag, an dem wir unser letztes Holz im Herd verbrannten. An diesem Abend brachte meine Mutter einen Stoß weißer Zettel nach Hause und legte sie vor meinen Vater hin, und dann nannte sie ihm eine Reihe von Namen, und mein Vater schrieb die Namen auf die Zettel und jedesmal ein paar Zahlen dazu. Aber als er damit fertig war, stand er auf und warf die Zettel in das Herdfeuer, das gerade am Ausgehen war. Das Feuer flackerte sehr schön, ich freute mich darüber, aber meine Mutter fuhr zusammen und sah meinen Vater traurig und zornig an.

So kam es, daß wir am vierundzwanzigsten Dezember kein Holz mehr hatten, kein Essen und keine Kleider, die anständig genug gewesen wären, damit in die Kirche zu gehen. Ich glaube nicht, daß meine Eltern sich darüber viel Gedanken machten. Erwachsene, denen so etwas geschieht, sind gewiß der Überzeugung; daß es Ihnen schon einmal wieder besser gehen wird und daß sie dann essen und trinken und Gott loben können, wie sie es so oft getan haben im Laufe der Zeit. Aber für ein Kind ist das etwas ganz anderes. Ein Kind sitzt da und wartet auf das Wunder, und wenn das Wunder nicht kommt, ist alles aus und vorbei …

Bei diesen Worten beugte sich Don Crescenzo vor und sah auf die Straße hinaus, so als ob dort etwas seine Aufmerksamkeit in Anspruch nähme. Aber in Wirklichkeit versuchte er nur, seine Tränen zu verbergen. Er versuchte, mich nicht merken zu lassen, wie das Gift der Enttäuschung noch heute alle Zellen seines Körpers durchdrang. Unser Weihnachtsfest, fuhr er nach einer Weile fort, ist ge-

wiß ganz anders als die Weihnachten bei Ihnen zu Hause. Es ist ein sehr lautes, sehr fröhliches Fest. Das Jesuskind wird im Glasschrein in der Prozession getragen, und die Blechmusik spielt. Viele Stunden lang werden Böllerschüsse abgefeuert, und der Hall dieser Schüsse wird von den Felsen zurückgeworfen, so daß es sich anhört wie eine gewaltige Schlacht. Raketen steigen in die Luft, entfalten sich zu gigantischen Palmenbäumen und sinken in einem Regen von Sternen zurück ins Tal. Die Kinder johlen und lärmen, und das Meer mit seinen schwarzen Winterwellen rauscht so laut, als ob es vor Freude schluchze und singe. Das ist unser Christfest, und der ganze Tag vergeht mit Vorbereitungen dazu. Die Knaben richten ihre kleinen Feuerwerkskörper, und die Mädchen binden Kränze und putzen die versilberten Fische, die sie der Madonna umhängen. In allen Häusern wird gebraten und gebacken und süßer Sirup gerührt.

So war es auch bei uns gewesen, solange ich denken konnte. Aber in der Christnacht, die auf den Bergsturz folgte, war es in unserem Hause furchtbar still. Es brannte kein Feuer, und darum blieb ich so lange wie möglich draußen, weil es dort immer noch ein wenig wärmer war als drinnen. Ich saß auf den Stufen und sah zur Straße hinauf, wo die Leute vorübergingen und wo die Wagen mit ihren schwachen Öllämpchen auftauchten und wieder verschwanden. Es war eine Menge Leute unterwegs, Bauern, die mit ihren Familien in die Kirche fuhren, und andere, die noch etwas zu verkaufen hatten, Eier und lebendige Hühner und

Wein. Als ich da saß, konnte ich das Gegacker der Hühner hören und das lustige Schwatzen der Kinder, die einander erzählten, was sie alles erleben würden heute nacht. Ich sah jedem Wagen nach, bis er in dem dunklen Loch des Tunnels verschwand, und dann wandte ich den Kopf wieder und schaute nach einem neuen Fuhrwerk aus; als es auf der Straße stiller wurde, dachte ich, das Fest müsse begonnen haben und ich würde nun etwas vernehmen von dem Knattern der Raketen und den Schreien der Begeisterung und des Glücks. Aber ich hörte nichts als die Geräusche des Meeres, das gegen die Felsen klatschte, und die Stimme meiner Mutter, die betete und mich aufforderte, einzustimmen in die Litanei. Ich tat es schließlich, aber ganz mechanisch und mit verstocktem Gemüt. Ich war sehr hungrig und wollte mein Essen haben, Fleisch und Süßes und Wein. Aber vorher wollte ich mein Fest haben, mein schönes Fest...

Und dann auf einmal veränderte sich alles auf eine unfaßbare Art. Die Schritte auf der Straße gingen nicht mehr vorüber, und die Fahrzeuge hielten an. Im Schein der Lampen sahen wir einen prallen Sack, der in unseren Garten geworfen, und hochgepackte Körbe, die an den Rand der Straße gestellt wurden. Eine Ladung Holz und Reisig rutschte die Stufen herunter, und als ich mich vorsichtig die Treppe hinauftastete, fand ich auf dem niederen Mäuerchen, auf Tellern und Schüsseln, Eier, Hühner und Fisch. Es dauerte eine ganze Weile, bis die geheimnisvollen Geräusche zum Schweigen kamen und wir nachsehen konnten, wie reich

wir mit einem Male waren. Da ging meine Mutter in die Küche und machte Feuer an, und ich stand draußen und sog inbrünstig den Duft in mich ein, der bei der Verbindung von heißem Öl, Zwiebeln, gehacktem Hühnerfleisch und Rosmarin entsteht.

Ich wußte in diesem Augenblick nicht, was meine Eltern schon ahnen mochten, nämlich, daß die Patienten meines Vaters, diese alten Schuldner, sich abgesprochen hatten, ihm Freude zu machen auf diese Art. Für mich fiel alles vom Himmel, die Eier und das Fleisch, das Licht der Kerzen, das Herdfeuer und der schöne Kittel, den ich mir aus einem Packen Kleider hervorwühlte und so schnell wie möglich überzog. Lauf, sagte meine Mutter, und ich lief die Straße hinunter und durch den langen, finsteren Tunnel, an dessen Ende es schon glühte und funkelte von buntem Licht. Als ich in die Stadt kam, sah ich schon von weitem den roten und goldenen Baldachin, unter dem der Bischof die steile Treppe hinaufgetragen wurde. Ich hörte die Trommeln und die Pauken und das Evvivageschrei und brüllte aus Leibeskräften mit. Und dann fingen die großen Glocken in ihrem offenen Turm an zu schwingen und zu dröhnen.

Don Crescenzo schwieg und lächelte freudig vor sich hin. Gewiß hörte er jetzt wieder, mit einem inneren Gehör, alle diese heftigen und wilden Geräusche, die für ihn so lange zum Schweigen gekommen waren und die ihm in seiner Einsamkeit noch viel mehr als jedem anderen Menschen bedeuteten: Menschenliebe, Gottesliebe, Wiedergeburt des Lebens aus dem Dunkel der Nacht.

Ich sah ihn an, und dann nahm ich das Blöckchen zur Hand. Sie sollten schreiben, Don Crescenzo. Ihre Erinnerungen. – Ja, sagte Don Crescenzo, das sollte ich. Einen Augenblick lang richtete er sich hoch auf, und man konnte ihm ansehen, daß er die Geschichte seines Lebens nicht geringer einschätzte als das, was im Alten Testament stand oder in der Odyssee. Aber dann schüttelte er den Kopf. Zuviel zu tun, sagte er.

Und auf einmal wußte ich, was er mit all seinen Umbauten und Neubauten, mit der Bar und den Garagen und dem Aufzug hinunter zum Badeplatz im Sinne hatte. Er wollte seine Kinder schützen vor dem Hunger, den traurigen Weihnachtsabenden und den Erinnerungen an eine Mutter, die Säcke voll Steine schleppt und sich hinsetzt und weint.

PAUL MAAR

Der doppelte Weihnachtsmann

Ich muß ungefähr sechs Jahre alt gewesen sein; als ich anfing, nicht mehr so recht an den Weihnachtsmann zu glauben.
»Gibt es den Weihnachtsmann eigentlich wirklich?« fragte ich Mama, als wir am Nachmittag gemütlich zusammensaßen und Weihnachtsschmuck bastelten.
»Du hast ihn doch oft gesehen«, sagte Mama. »Erinnerst du dich nicht an letztes Weihnachten, wie er hereinkam hier ins Zimmer, mit seinem langen Mantel und seinem weißen Bart? Wir haben doch zusammen Weihnachtslieder gesungen.«
»Jaja«, sagte ich. »Aber wieviel Weihnachtsmänner gibt es eigentlich?«
»Wie viele? Natürlich nur einen. Den Weihnachtsmann!« sagte sie.
»Und der kommt auch zum Klaus?« fragte ich weiter. Klaus war mein Freund. Er wohnte ein paar Häuser weiter.
»Ja, natürlich«, sagte Mama.
»Und zur Elke nach Paderborn auch?« Elke war vor zwei Monaten mit ihren Eltern nach Paderborn gezogen.
»Ja, zu Elke auch«, sagte Mama.
»Und zu den Kindern in München und in Hamburg?« fragte ich.
»Zu denen kommt er auch!«

»Wie kann er denn am gleichen Abend in München und in Hamburg und in Paderborn sein?« fragte ich.
»Wie er das kann, weiß ich auch nicht«, sagte Mama. »Er kann es halt. Dafür ist er eben der Weihnachtsmann. Als Weihnachtsmann kann er vielleicht an zwei Orten gleichzeitig sein.«
Damit waren meine Zweifel aber noch lange nicht verschwunden. Ich hatte sogar einen bestimmten Verdacht.
»Wieso ist Papa eigentlich nie dabei, wenn der Weihnachtsmann kommt?« fragte ich.
Mama tat erstaunt. »Ist er denn nie dabei?« fragte sie.
»Nein«, antwortete ich. »Jedesmal sagt er am Weihnachtsabend, er müsse noch was erledigen, und dann geht er weg. Und gleich darauf kommt dann der Weihnachtsmann. Und wenn der Weihnachtsmann mit dir und mir Lieder gesungen hat und wieder weggegangen ist, kommt Papa zurück und fragt uns, wie es denn gewesen sei mit dem Weihnachtsmann!«
»So ein Zufall!« sagte Mama. »Ich werde Papa sagen, daß er diesmal dableiben soll, wenn der Weihnachtsmann kommt.«
Als Papa am Abend nach Hause gekommen war, hörte ich die beiden in der Küche halblaut miteinander reden. Ich ging leise zur offenen Küchentür, um zuzuhören.
»Du kannst es jedenfalls nicht mehr machen«, sagte Mama gerade zu Papa. »Er hat etwas gemerkt.«
»Aber wer denn dann?« fragte Papa.
»Vielleicht Robert?« sagte Mama. »Wir haben Robert doch sowieso zu Weihnachten eingeladen. Da kann er ja …« In

diesem Augenblick sah sie mich in der Tür stehen, brach mitten im Satz ab und sagte zu mir: »Du mußt jetzt mal in dein Zimmer gehen. Wir wollen gerade etwas Wichtiges besprechen. Etwas, das nur die Erwachsenen angeht.«
Damit schob sie mich in mein Zimmer, und ich konnte nicht erfahren, was die beiden wohl besprechen wollten.

Drei Tage später war Weihnachtsabend. Wir saßen im Eßzimmer und warteten auf den Weihnachtsmann. Und auf Onkel Robert. Onkel Robert war der Bruder von Papa. Er wollte dieses Weihnachten mit uns feiern. »Wo Robert nur bleibt?« sagte Papa und schaute auf die Uhr. »Er wollte doch schon längst dasein.«
»Es schneit. Vielleicht kommt er mit dem Auto nicht durch«, sagte Mama.
»Hoffentlich hast du nicht recht«, meinte Papa und schaute wieder auf die Uhr.
Wir warteten eine Viertelstunde, eine halbe Stunde, und ich fragte alle fünf Minuten, wann denn der Weihnachtsmann käme. Aber er kam nicht. Und Onkel Robert auch nicht.
Papa wurde immer ungeduldiger. Plötzlich sprang er auf, ging aus dem Zimmer und rief uns im Hinausgehen zu: »Ich muß noch 'ne Kleinigkeit erledigen. Es dauert nicht lange, ich bin gleich wieder da!«
Ich fand es sehr schade, daß Papa gerade jetzt weg mußte. Ich hatte Sorge, der Weihnachtsmann könnte vielleicht wieder gerade dann kommen, wenn Papa weg wäre. Und

wirklich: Papa war kaum fünf Minuten aus dem Zimmer, da klopfte es an der Tür, und der Weihnachtsmann kam herein.

Es war wie jedes Jahr: Erst fragte er mich, ob ich auch immer schön brav gewesen wäre. Dann sangen wir zusammen »Stille Nacht«, und dann gingen alle hinüber ins Weihnachtszimmer.

Nach einer Weile sagte Mama: »So, lieber Weihnachtsmann, jetzt hast du dir einen ordentlichen Schluck verdient, jetzt darfst du in die Küche gehen und was trinken!« Und der Weihnachtsmann ging in die Küche.

Kaum war der Weihnachtsmann hinter der Küchentür verschwunden, da hörten Mama und ich vom Flur her laute Schritte und Gepolter.

»Um Gottes willen!« rief Mama, irgendwie erschrocken. »Nein, Robert …«

Da ging die Tür auf. Aber es war nicht Robert, der hereinkam, sondern der Weihnachtsmann. Weiß der Himmel, wie er es geschafft hatte, von der Küche aus in den Flur zu kommen! Vielleicht war er aus dem Küchenfenster gestiegen und zum Flurfenster wieder herein.

Er kam direkt auf mich zu. Ich war so damit beschäftigt, meine Geschenke auszupacken, daß ich ihn gar nicht weiter beachtete. Schließlich hatten wir uns ja eben lange unterhalten und zusammen ein Lied gesungen!

»Na, willst du denn gar nicht aufstehen?« fragte der Weihnachtsmann mit tiefer Stimme und baute sich vor mir auf. Erstaunt stellte ich mich vor ihn hin.

»Nun, bist du denn auch immer brav gewesen?« fragte er und schaute mich streng an.

»Das hab ich dir gerade doch schon gesagt«, sagte ich erstaunt.

»Wann gerade?« fragte der Weihnachtsmann.

»Na eben«, sagte ich. »Bevor wir zusammen gesungen haben.«

»Wann sollen wir gesungen haben?« fragte der Weihnachtsmann ganz ratlos.

Ich wußte nicht, ob er wirklich so vergeßlich war oder ob er vielleicht einen Spaß machen wollte. Ich sagte mal überhaupt nichts.

»Was haben wir denn angeblich gesungen?« fragte der Weihnachtsmann weiter.

»Na, ›Stille Nacht, hei‹….« So weit war ich gerade gekommen, da schaute ich zufällig zur Küchentür hinüber. Und da sah ich etwas so Verwunderliches, daß ich aufhörte zu reden und mit offenem Mund staunte. Mama hatte doch recht gehabt! Der Weihnachtsmann konnte wirklich an mehreren Orten gleichzeitig sein. Denn der Weihnachtsmann stand nicht nur vor mir, mit seinem langen Mantel und seinem weißen Bart, er stand auch gleichzeitig in der Küchentür, hatte ein Glas Wein in der Hand und schaute verblüfft zu uns ins Zimmer.

Als der Weihnachtsmann sich sah (oder muß man sagen: Als die Weihnachtsmänner einander sahen?), machten beide kehrt, gingen hastig aus dem Zimmer und klappten die Tür hinter sich zu.

Nach einer Weile kam Papa zurück. Und mit ihm Onkel Robert, der inzwischen auch eingetroffen war.

»Stellt euch vor, ich habe den Weihnachtsmann doppelt gesehen!« erzählte ich ihnen gleich aufgeregt.

Aber sie gingen gar nicht darauf ein, sondern meinten nur, es sei höchste Zeit, daß wir nach all diesen Aufregungen mit dem Weihnachtsabendessen begännen.

Was sie allerdings mit »Aufregungen« meinten, ist mir nie ganz klargeworden. Denn schließlich waren Papa und Onkel Robert ja gar nicht dabeigewesen, als ich diese aufregende Weihnachtsmannverdopplung erlebte!

GUSTAV FALKE

Weihnachtswunder

Durch den Flockenfall
klingt süßer Glockenschall,
ist in der Winternacht
ein süßer Mund erwacht.

Herz, was zitterst du
den süßen Glocken zu?
Was rührt den tiefen Grund
dir auf der süße Mund?

Was verloren war,
du meintest, immerdar,
das kehrt nun all zurück,
ein selig Kinderglück.

O du Nacht des Herrn
mit deinem Liebesstern,
aus deinem reinen Schoß
ringt sich ein Wunder los.

HERMANN LÖNS

Der allererste Weihnachtsbaum

Der Weihnachtsmann ging durch den Wald. Er war ärgerlich. Sein weißer Spitz, der sonst immer lustig bellend vor ihm herlief, merkte das und schlich hinter seinem Herrn mit eingezogener Rute her.

Er hatte nämlich nicht mehr die rechte Freude an seiner Tätigkeit. Es war alle Jahre dasselbe. Es war kein Schwung in der Sache. Spielzeug und Esswaren, das war auf die Dauer nichts. Die Kinder freuten sich wohl darüber, aber quieken sollten sie und jubeln und singen, so wollte er es, das taten sie aber nur selten.

Den ganzen Dezembermonat hatte der Weihnachtsmann schon darüber nachgegrübelt, was er wohl Neues erfinden könne, um einmal wieder eine rechte Weihnachtsfreude in die Kinderwelt zu bringen, eine Weihnachtsfreude, an der auch die Großen teilnehmen würden. Kostbarkeiten durften es auch nicht sein, denn er hatte so und so viel auszugeben und mehr nicht.

So stapfte er denn auch durch den verschneiten Wald, bis er auf dem Kreuzweg war. Dort wollte er das Christkindchen treffen. Mit dem beriet er sich nämlich immer über die Verteilung der Gaben. Schon von Weitem sah er, dass das Christkindchen da war, denn ein heller Schein war dort. Das Christkindchen hatte ein langes weißes Pelzkleidchen an und lachte über das ganze Gesicht. Denn um es herum

lagen große Bündel Kleeheu und Bohnenstiegen und Espen- und Weidenzweige, und daran taten sich die hungrigen Hirsche und Rehe und Hasen gütlich. Sogar für die Sauen gab es etwas: Kastanien, Eicheln und Rüben.
Der Weihnachtsmann nahm seinen Wolkenschieber ab und bot dem Christkindchen die Tageszeit. »Na, Alterchen, wie geht's?«, fragte das Christkind. »Hast wohl schlechte Laune?« Damit hakte es den Alten unter und ging mit ihm. Hinter ihnen trabte der kleine Spitz, aber er sah gar nicht mehr betrübt aus und hielt seinen Schwanz kühn in die Luft.
»Ja«, sagte der Weihnachtsmann, »die ganze Sache macht mir so recht keinen Spaß mehr. Liegt es am Alter oder an sonst was, ich weiß nicht. Das mit den Pfefferkuchen und den Äpfeln und Nüssen, das ist nichts mehr. Das essen sie auf, und dann ist das Fest vorbei. Man müsste etwas Neues erfinden, etwas, das nicht zum Essen und nicht zum Spielen ist, aber wobei Alt und Jung singt und lacht und fröhlich wird.«
Das Christkindchen nickte und machte ein nachdenkliches Gesicht; dann sagte es: »Da hast du recht, Alter, mir ist das auch schon aufgefallen. Ich habe daran auch schon gedacht, aber das ist nicht so leicht.«
»Das ist es ja gerade«, knurrte der Weihnachtsmann, »ich bin zu alt und zu dumm dazu. Ich habe schon richtiges Kopfweh vom vielen Nachdenken, und es fällt mir doch nichts Vernünftiges ein. Wenn es so weitergeht, schläft allmählich die ganze Sache ein, und es wird ein Fest wie alle

anderen, von dem die Menschen dann weiter nichts haben als Faulenzen, Essen und Trinken.«

Nachdenklich gingen beide durch den weißen Winterwald, der Weihnachtsmann mit brummigem, das Christkindchen mit nachdenklichem Gesicht.

Es war so still im Wald, kein Zweig rührte sich, nur wenn die Eule sich auf einen Ast setzte, fiel ein Stück Schneebehang mit halblautem Ton herab. So kamen die beiden, den Spitz hinter sich, aus dem hohen Holz auf einen alten Kahlschlag, auf dem große und kleine Tannen standen. Das sah wunderschön aus. Der Mond schien hell und klar, alle Sterne leuchteten, der Schnee sah aus wie Silber, und die Tannen standen darin, schwarz und weiß, dass es eine Pracht war.

Eine fünf Fuß hohe Tanne, die allein im Vordergrund stand, sah besonders reizend aus. Sie war regelmäßig gewachsen, hatte auf jedem Zweig einen Schneestreifen, an den Zweigspitzen kleine Eiszapfen und glitzerte und flimmerte nur so im Mondenschein.

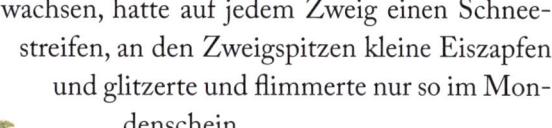

Das Christkindchen ließ den Arm des Weihnachtsmannes los, stieß den Alten an, zeigte auf die Tanne und sagte: »Ist das nicht wunderhübsch?«

»Ja«, sagte der Alte, »aber was hilft mir das?«

»Gib ein paar Äpfel her«, sagte das Christkindchen, »ich habe einen Gedanken.«

Der Weihnachtsmann machte ein dummes Gesicht, denn er konnte es sich nicht recht vorstellen, dass das Christkind bei der Kälte Appetit auf die eiskalten Äpfel hatte. Er hatte zwar noch einen guten alten Schnaps, aber den mochte er dem Christkindchen nicht anbieten.

Er machte sein Tragband ab, stellte seine riesige Kiepe in den Schnee, kramte darin herum und langte ein paar recht schöne Äpfel heraus. Dann fasste er in die Tasche, holte sein Messer heraus, wetzte es an einem Buchenstamm und reichte es dem Christkindchen.

»Sieh, wie schlau du bist«, sagte das Christkindchen. »Nun schneid mal etwas Bindfaden in zwei Finger lange Stücke, und mach mir kleine Pflöckchen.«

Dem Alten kam das alles etwas ulkig vor, aber er sagte nichts und tat, was das Christkind ihm sagte. Als er die Bindfadenenden und die Pflöckchen fertig hatte, nahm das Christkind einen Apfel, steckte ein Pflöckchen hinein, band den Faden daran und hängte den an einen Ast.

»So«, sagte es dann, »nun müssen auch an die anderen welche, und dabei kannst du helfen, aber vorsichtig, dass kein Schnee abfällt!«

Der Alte half, obgleich er nicht wusste, warum. Aber es machte ihm schließlich Spaß, und als die ganze kleine Tanne voll von rotbäckigen Äpfeln hing, da trat er fünf Schritte zurück, lachte und sagte: »Kiek, wie niedlich das aussieht! Aber was hat das alles für'n Zweck?«

»Braucht denn alles gleich einen Zweck zu haben?«, lachte das Christkind. »Pass auf, das wird noch schöner. Nun gib mal Nüsse her!«

Der Alte krabbelte aus seiner Kiepe Walnüsse heraus und gab sie dem Christkindchen.

Das steckte in jedes ein Hölzchen, machte einen Faden daran, rieb immer eine Nuss an der goldenen Oberseite seiner Flügel, dann war die Nuss golden, und die nächste an der silbernen Unterseite seiner Flügel, dann hatte es eine silberne Nuss und hängte sie zwischen die Äpfel.

»Was sagst nun, Alterchen?«, fragte es dann. »Ist das nicht allerliebst?«

»Ja«, sagte der, »aber ich weiß immer noch nicht …«

»Komm schon!«, lachte das Christkindchen. »Hast du Lichter?«

»Lichter nicht«, meinte der Weihnachtsmann, »aber 'nen Wachsstock!«

»Das ist fein«, sagte das Christkind, nahm den Wachsstock, zerschnitt ihn und drehte erst ein Stück um den Mitteltrieb des Bäumchens und die anderen Stücke um die Zweigenden, bog sie hübsch gerade und sagte dann: »Feuerzeug hast du doch?«

»Gewiss«, sagte der Alte, holte Stein, Stahl und Schwammdose heraus, pinkte Feuer aus dem Stein, ließ den Zunder in der Schwammdose zum Glimmen kommen und steckte daran ein paar Schwefelspäne an. Die gab er dem Christkindchen. Das nahm einen hell brennenden Schwefelspan und steckte damit erst das oberste Licht an, dann das nächste davon rechts, dann das gegenüberliegende.
Und rund um das Bäumchen gehend, brachte es so ein Licht nach dem andern zum Brennen.

Da stand nun das Bäumchen im Schnee; aus seinem halb verschneiten, dunklen Gezweig sahen die roten Backen der Äpfel, die Gold- und Silbernüsse blitzten und funkelten, und die gelben Wachskerzen brannten feierlich.
Das Christkindchen lachte über das ganze rosige Gesicht und patschte in die Hände, der alte Weihnachtsmann sah gar nicht mehr so brummig aus, und der kleine Spitz sprang hin und her und bellte.
Als die Lichter ein wenig heruntergebrannt waren, wehte das Christkindchen mit seinen goldsilbernen Flügeln, und da gingen die Lichter aus. Es sagte dem Weihnachtsmann, er solle das Bäumchen vorsichtig absägen. Das tat der, und dann gingen beide den Berg hinab und nahmen das bunte Bäumchen mit.
Als sie in den Ort kamen, schlief schon alles.
Beim kleinsten Hause machten die beiden halt. Das Christkindchen machte leise die Tür auf und trat ein; der Weihnachtsmann ging hinterher. In der Stube stand ein

dreibeiniger Schemel mit einer durchlochten Platte. Den stellten sie auf den Tisch und steckten den Baum hinein.
Der Weihnachtsmann legte dann noch allerlei schöne Dinge, Spielzeug, Kuchen, Äpfel und Nüsse unter den Baum, und dann verließen beide das Haus so leise, wie sie es betreten hatten. Als der Mann, dem das Häuschen gehörte, am andern Morgen erwachte und den bunten Baum sah, da staunte er und wusste nicht, was er dazu sagen sollte.
Als er aber an dem Türpfosten, den des Christkinds Flügel gestreift hatte, Gold- und Silberflimmer hängen sah, da wusste er Bescheid. Er steckte die Lichter an dem Bäumchen an und weckte Frau und Kinder. Das war eine Freude in dem kleinen Haus wie an keinem Weihnachtstag.
Keines von den Kindern sah nach dem Spielzeug, nach dem Kuchen und den Äpfeln, sie sahen nur alle nach dem Lichterbaum. Sie fassten sich an den Händen, tanzten um den Baum und sangen alle Weihnachtslieder, die sie wussten, und selbst das Kleinste, das noch auf dem Arm getragen wurde, krähte, was es krähen konnte.

Als es helllichter Tag geworden war, da kamen die Freunde und Verwandten des Bergmanns, sahen sich das Bäumchen an, freuten sich darüber und gingen gleich in den Wald, um sich für ihre Kinder auch ein Weihnachtsbäumchen zu holen. Die anderen Leute, die das sahen, machten es nach, jeder holte sich einen Tannenbaum und putzte ihn an, der eine so, der andere so, aber Lichter, Äpfel und Nüsse hängten sie alle daran.

Als es dann Abend wurde, brannte im ganzen Dorf Haus bei Haus ein Weihnachtsbaum, überall hörte man Weihnachtslieder und das Jubeln und Lachen der Kinder.
Von da aus ist der Weihnachtsbaum über ganz Deutschland gewandert und von da über die ganze Erde.
Weil aber der erste Weihnachtsbaum am Morgen brannte, so wird in manchen Gegenden den Kindern morgens beschert.

REGINE KÖLPIN

Weihnachten am Meer

Benno kam immer mit zerrissenen Hosen in die Klasse und zur Kirche. Sogar an Weihnachten. Und er roch stets ein bisschen nach Fischerboot. Seinem Vater gehörte nämlich der Kutter *Alte Liebe*. Maria machte der Fischgeruch nichts aus, denn Benno war der Einzige, der sie in der Schule nicht wegen ihrer Hasenscharte, die nur schlecht operiert worden war, auslachte. Sie nahmen sich gegenseitig, wie sie waren. »Die beiden von der *Alten Liebe*«, wurden

sie oft genannt, denn Maria mochte den schäbigen Kutter von Bennos Vater. Vielleicht gerade, weil die Farbe überall abblätterte. Kurz vor dem Weihnachtsfest durfte Maria sogar zum Fischen mitfahren. Ganz früh morgens mussten sie raus. Es war kalt und die Wellen peitschten an die Schiffswand. Hein Janßen warf ihnen Ölzeug rüber. Darüber die Schwimmweste, sonst ließ er sie nicht an Bord. Maria mochte es, wenn sie die Netze auswarfen und sie nach einer Weile voll mit Schollen, Dorschen und anderen Fischen wieder einholten. Dabei kreisten viele Möwen über ihrem Schiff und machten ein unsägliches Spektakel. Müde kehrten sie anschließend zurück in den Hafen, auf dessen Kai ein großer Tannenbaum stand und sie begrüßte. Maria durfte an diesem Morgen für das Mahl am Heiligen Abend einen Fisch mitnehmen.
»Wir bleiben zusammen, Maria. Immer«, sagte Benno.
Es war ein wunderschönes Weihnachtsfest. Bis zu dem Augenblick, als Vater sagte, dass sie fortziehen würden. Weit weg nach München.

Die Sehnsucht nach dem Meer blieb. Maria war inzwischen 70 Jahre alt und Witwe geworden. Sie mochte nicht mehr dort leben, wo sie alles an ihren verstorbenen Mann erinnerte. Ihre Ehe war kinderlos geblieben, es gab nichts, was sie hielt. »Ich gehe zurück an die Nordsee. Ich muss wieder den Fisch riechen. Das Wattenmeer, die salzige Luft atmen. Dort werde ich loslassen können. Und das Weihnachtsfest ertrage ich dort auch besser.«

Sie mietete ein Zimmer in einer Seniorenwohnanlage, die in der Nähe des kleinen Fischerdorfes, wo sie aufgewachsen war, lag.

Es war ein eigenartiges Gefühl, dorthin zurückzukehren. Die Schule gab es nicht mehr, genau wie den kleinen Bäckerladen, der einem Supermarkt hatte weichen müssen. Aber am Kai stand noch der Tannenbaum. Heute aber war er bunt geschmückt und trug vom frisch gefallenen Schnee weiße Häubchen auf den Zweigen. Die Zeit war ohne Maria weitergelaufen, trotzdem fühlte sie sich geborgen wie lange nicht, denn die Erinnerungen an ihre Kindheit schenkten ihr unerwarteten Schutz.

Jeden Tag spazierte sie zum Fischerdorf, genoss die salzige Luft, das Schreien der Möwen und ihren täglichen Spaziergang zum Hafen, der jetzt in der Weihnachtszeit mit Lichtgirlanden geschmückt war. Im Hafenbecken glänzte sogar ein schwimmender Weihnachtsbaum. Ihr Spaziergang war zu einem festen Ritual geworden. Am Kai setzte sie sich trotz der Kälte gern auf eine Bank und sah dem Treiben dort zu. Ein paar Kutter hatten noch festgemacht, aber sie waren moderner als die *Alte Liebe* von damals, die sicher längst abgetakelt war. Lachte ein Kind, dachte sie an Benno mit den zerschlissenen Hosen. An seinen zahnlosen Vater und das Glück, am Heiligen Abend einen frischen Fisch mit nach Hause gebracht zu haben.

Am 24. Dezember wehte ein frischer Wind. Es roch nach neuem Schnee und Maria war zum großen Festessen mit anschließender Bescherung in den Speisesaal eingeladen

worden. Bis dahin war aber noch etwas Zeit. Ich gehe vorher zum Hafen, dachte Maria. Egal, wie kühl es ist. Sie schlüpfte in ihre Winterboots und den Daunenmantel. Zum Schutz gegen den eisigen Wind schlang sie sich einen dicken Schal um den Hals und setzte ihre Pudelmütze auf. Sie warf immer wieder wehmütige Blicke in die hell erleuchteten Fenster des Dorfes, beneidete jetzt doch ein ganz kleines bisschen die Familien, die gemeinsam ein fröhliches Fest feierten.

Als sie zur Bank am Hafen kam, war die besetzt. Auf ihr saß ein vornübergebeugter Mann, der ein Foto in der Hand hielt. Maria näherte sich vorsichtig, aber er schien sie kaum zu bemerken. Sie stupste ihn an und er schaute auf.

»Geht es Ihnen gut?«, fragte sie und löste das Tuch von ihrem Gesicht. Die Augen des Mannes flackerten erst erschrocken, dann freudig auf. Wortlos reichte er Maria das Foto und rückte ein Stück zu Seite, damit sie sich setzen konnte. Maria nahm das verblichene Bild an sich. Darauf abgebildet war ein altersschwach wirkender Kutter, vor dem zwei Kinder standen. Beide trugen Ölzeug und sie hielten jeder einen Fisch in der Hand. Während der Junge geradeaus in die Kamera lachte, wirkte das Lächeln bei dem Mädchen schief. Etwas an ihrem Mund stimmte nicht. Im Hintergrund stand ein großer Tannenbaum. Maria blieb beinahe das Herz stehen. »Den Kutter kenne ich. Und …« Sie konnte nicht weitersprechen. Über das Gesicht des alten Mannes huschte ein scheues Lächeln.

»Maria«, sagte er nur.

»Benno?«

Er nickte und nahm das Foto wieder an sich. »Ich habe mir nichts anderes gewünscht, als dass du auch heute den Weg hierher suchst. So wie in den vergangenen Wochen. In denen ich mich nicht getraut habe, dich anzusprechen.« Maria griff nach der Hand des Mannes und studierte sein runzeliges Gesicht auf der Suche nach dem, was ihr vertraut war. Es entblätterte sich nach und nach. Seine Augen hatten noch immer dieses tiefe unergründliche Blau. Der Mund wirkte schmaler, aber wenn Benno lächelte, glich dieses Lächeln dem von damals. Sie standen Hand in Hand auf, blickten über das hell erleuchtete Hafenbecken, von Weitem drang der Gesang von »Stille Nacht« aus einem Fenster zu ihnen herüber. Gleichzeitig begannen die Kirchenglocken zu läuten.

»Es ist Weihnachten«, sagte Maria.

»Ja, es ist Weihnachten. Und da geschehen Wunder. Seit über 2000 Jahren.« Benno drückte ihre Hand.

BARBARA PRONNET

Das Weihnachtsglühwürmchen

Der Winter hatte Einzug gehalten. Und es lag dieser gewisse Zauber in der Luft, der die Weihnachtszeit begleitet. In der frostigen Erde schlummerten eng zusammengekuschelt und mucksmäuschenstill viele kleine Glühwürmchenlarven und träumten von dem nahen Frühling. Die Sonne strahlte vom tiefblauen Himmel und verkündete den Weihnachtstag.
Doch schliefen wirklich alle Larven? Da bewegte sich doch was. Eines davon litt an chronischem Schlafmangel. Irgendwie wollte es nicht klappen mit der Winterruhe. Es wurde ständig wach, schaute auf seine schlafenden Geschwister und begann sich zu langweilen. Warum dauert das denn noch so lange? Eigentlich wäre es bereit zu schlüpfen. Und so hell war es hier. Es beschloss die Zeit zu nutzen und unbemerkt von seinen schlafenden Mitlarven die vermeintlich kleine Welt zu erkunden. Es spürte, dass es sich nur noch einmal richtig strecken musste, und schon würde es seine ganze Pracht entfalten. Ungeduldig zappelte es vor sich hin und seine Brüder und Schwester fingen an sich zu rühren. Bloß nicht aufwecken, dachte es und bohrte sich langsam durch die kalte Erde in das strahlende Licht. Als es mit seinem kleinen Köpfchen durch die harte Masse stieß, fühlte es plötzlich ein kaltes, ungewohntes Nass. Es schaute in die Sonne und ließ sich sein Köpfchen wärmen.

Es nahm einen tiefen Atemzug ungewohnt frischer Luft und krabbelte vorsichtig durch den Schnee. Doch es war eindeutig zu kalt, das stand fest – Sonne hin oder her. Es besann sich umzukehren, um sich an seinen Artgenossen zu wärmen. Aber trotz der Kälte hatte der Schnee im Sonnenlicht eine magische Anziehungskraft. Alles sah so frisch und glänzend aus.

Es beschloss, einen kleinen Spaziergang zu machen, bevor es in sein Nest zurückkrabbeln wollte, und machte sich auf den Weg. Die Büsche und Bäume im Garten waren verschneit und der Käfer wagte einen mutigen ersten Flugversuch nach oben.

Hoho, das funktionierte aber noch nicht. Noch mal, los geht's, dachte es und plötzlich klappte es seine kleinen Flügel aus und erhob sich federleicht in den Himmel. Was für ein Gefühl. So hatte es sich das immer vorgestellt. Das weiße Zeug war ja ganz nett, wenn nur diese lausige Kälte nicht gewesen wäre. Taumelig und schwankend flog das Würmchen in Richtung einer Tanne und ließ sich auf deren Zweig nieder. Völlig außer Puste musste das Würmchen erst mal verschnaufen.

Wie schön es war, draußen zu sein. Stolz putzte es seine Flügelchen und blinzelte in die Sonne. Das warme Licht machte es aber träge und so kam es, dass es ganz langsam einnickte und in tiefen Schlummer versank.

Halb steif gefroren wurde es wach und erschrocken blickte der kleine Käfer um sich. Stockdunkel war es auf einmal und eisig kalt. Es konnte sich nicht erklären, warum die Sonne so plötzlich verschwunden war. Schnell zurück in die Kinderstube, dachte es, erhob sich und flog wirr in der Dunkelheit umher. Wo war der Eingang zu seiner Heimat? Doch dann, plötzlich, sah es in der tiefen schwarzen Nacht einen schwachen Lichtschimmer. Er flog unsicher auf das Licht zu, welches immer heller und heller wurde. Magisch angezogen hörte es Stimmen und einen seltsamen Singsang.

War es ein Impuls, Instinkt oder Ähnliches, unser Würmchen schaltete automatisch seine Laterne an – klick – und machte sich auf den Weg.

Das kleine Käferchen flog direkt zum Haus der Familie Schweiger. Mama, Papa, Tochter und Großeltern hatten gut gespeist und getrunken und die Kerzen am Christbaum angezündet. Sie sangen »Stille Nacht« und freuten sich auf die Bescherung.

Mama Schweiger hatte die Terrassentüre leicht geöffnet, damit frische Luft hereinkam. Genau durch dieses Fenster surrte das Käferchen, angezogen durch das für es unermesslich erscheinende Lichtermeer. Es schwirrte durch den Raum, als plötzlich die kleine Tochter schrie: »Ein Glühwürmchen! Schaut nur!«, und deutete aufgeregt auf das verirrte Tier.

»Das gibt's doch nicht im Winter, ja so was«, staunte die Mama und alle starrten auf den kleinen Käfer, der magisch vom Christbaum angezogen auf ihn zuflog. »Schnell, macht die Kerzen aus, sonst fliegt es noch in die Flammen!« Papas Stimme überschlug sich. Die Familie stürzte auf den Baum zu und löschte die flackernden Kerzen.

»Wir wünschen uns jetzt alle Gesundheit und Frieden. Das ist ein besonderes Zeichen heute am Heiligen Abend«, sagte die Mama gerührt und alle nickten ergriffen.

Das Glühwürmchen sah nur wieder Dunkelheit und flog völlig verwirrt im heimeligen Wohnzimmer herum. Wo war es nur, es war doch alles so hell und jetzt leuchtet nur noch mein Hintern, dachte es. Es glaubte zu träumen.

»Wir machen das Terrassenlicht an, dann findet es hoffentlich wieder raus«, meinte die Oma und lief zum Lichtschalter in den Flur. Opa hingegen, der kein Verächter eines guten Schluckes war und bereits ordentlich Alkohol intus hatte, starrte auf das kleine Irrlicht.

»Schaut nur, ein Glühweinchen«, nuschelte er und zeigte mit dem Finger auf das Licht.

Alle lachten den beschwipsten Opa aus und sahen erleichtert, dass sich das Glühwürmchen Richtung Fenster und nach draußen begab.

»Pass auf dich auf, kleines Glühwürmchen, und Danke«, rief die Tochter und winkte ihm in der Dunkelheit hinterher.

Unser Glühwürmchen flog erleichtert in die frische Luft und weil die kleine Laterne in seinem Hintern hell genug leuchtete, sah er auch wieder die Stelle, wo es aus der Erde gekrochen kam. Jetzt aber schnell nach Hause, so ein Tumult ist eindeutig zu viel, dachte es und wurde schlagartig müde, aber so richtig müde. Und schwups, landete es am Eingang seiner Behausung. Eilig krabbelte es mit seinen Beinchen in die Erde hinein und schlüpfte zu seinen Geschwistern. Es schmiegte sich mitten in die schlafende Menge und schloss erleichtert die Augen.

War das aufregend, dachte es, ich habe so viel gesehen und gleich ein Abenteuer erlebt. Mein Hintern leuchtet in der Dunkelheit, so was aber auch.

Da kann ich aber was erzählen, wenn die anderen aufwachen, freute es sich.

Oder hatte es das alles doch nur geträumt?

Silvesterglocken und Neujahrswünsche

CHARLES DICKENS

Weihnachtswünsche

Es gibt Leute, die dir sagen werden, dass Weihnachten auch nicht mehr das ist, was es einmal war. Höre nicht auf sie. Es gibt wenige, die alt geworden sind auf dieser Erde, die nicht an jedem beliebigen Tag im Jahr solche Gedanken wachrufen könnten. Aber suche dir doch für deine trostlosen Erinnerungen nicht eben den fröhlichsten der 365 Tage aus. Rücke lieber deinen Stuhl näher an das flackernde Feuer, fülle dein Glas, stimme ein Lied an und sei dankbar, dass alles nicht noch schlimmer ist.

Denke nach über den Segen, der dir reichlich zuteilwurde – und er ist bei keinem gering –, und nicht über vergangenes Missgeschick, das jedem widerfährt. Fülle dein Glas abermals mit fröhlichem Gesicht und zufriedenem Herzen.

Dein Weihnachten soll ein fröhliches sein und dein neues Jahr ein glückliches!

HANS CHRISTIAN ANDERSEN

Zwölf mit der Post

Es war eine schneidende Kälte und ein sternenheller Himmel; kein Lüftchen rührte sich. »Bums!« Da wurde ein Topf an die Haustür geworfen. »Piff! Paff!« Da wurde zum Anbruch des neuen Jahres geschossen. Jetzt schlug die Glocke Mitternacht.
»Tateratra!« Da kam die Post angefahren. Der große Postwagen hielt vor dem Stadttor. Er brachte zwölf Personen; mehr konnte er nicht aufnehmen, und alle Plätze waren besetzt.
»Prosit Neujahr! Prosit Neujahr!«, rief man in den Häusern, wo die Leute die Neujahrsnacht feierten und sich nun gerade mit den gefüllten Gläsern erhoben hatten, um ein Hoch auf das Neujahr auszubringen. »Prosit Neujahr!« »Viel Glück zum neuen Jahr!«, erklang es im Kreise. »Ein gutes Weib! Einen Sack voll Geld! Glück und Zufriedenheit!« So wünschte man sich gegenseitig alles Gute und stieß darauf an, während draußen vor dem Tor die Postkutsche mit den zwölf Reisenden hielt.
Aber was waren denn das für Personen? Sie hatten einen Pass und eine Menge Gepäck bei sich, ja, sie brachten Geschenke für dich und für mich und für alle Leute in der ganzen Stadt. Aber wer waren sie denn? Was wollten sie und was brachten sie?
»Guten Morgen!«, sagten sie zu der Schildwache am Tor.

»Guten Morgen!«, erwiderte diese; denn es hatte ja schon zwölf geschlagen. »Bitte, Ihren Namen, Ihren Stand?«, fragte sie dann den, der zuerst aus dem Wagen stieg.

»Hier ist mein Pass!«, sagte der Mann, »du wirst ihn ganz in der Ordnung finden; ich bin ein rechter Mann.« Ja, das war er auch, in einen Wolfspelz gehüllt und mit großen Pelzstiefeln an den Füßen. »Ich bin der Mann, auf den viele, viele ihre Hoffnung setzen. Wenn du morgen zu mir kommst, erhältst du ein Neujahrsgeschenk! Ich streue Groschen und Taler mit vollen Händen aus, gebe Geschenke und halte Gesellschaften und Bälle, ja, 31 Bälle im Ganzen; mehr Nächte habe ich nicht zu meiner Verfügung. Meine Schiffe sind zwar eingefroren, aber auf meinem Büro ist es gut warm. Ich bin nämlich ein Kaufmann namens *Januar* und habe nichts als Rechnungen bei mir.«

Nun kam der Zweite an die Reihe. Das war ein lustiger Vogel! Er war Theaterdirektor, Vorstand des Vergnügungsausschusses für Maskenbälle und alle nur erdenklichen Lustbarkeiten. Sein Gepäck bestand aus einer großen Tonne. »Da soll es an Fastnacht hoch hergehen! Bei mir heißt es leben und leben lassen; denn ich habe von der ganzen Familie die kürzeste Lebenszeit. Ich werde nur achtundzwanzig; höchstens schaltet man noch einen Tag ein, aber das ist auch nicht viel! Hurra!«

»Sie dürfen nicht so laut schreien!«, sagte die Schildwache.

»Jawohl darf ich schreien«, erwiderte er. »Ich bin der Prinz Karneval und reise unter dem Namen *Februar*.«

Jetzt kam der Dritte. Der sah wie die verkörperte Fastenzeit aus, schritt aber doch mit hocherhobenem Kopfe einher; denn er war mit den »vierzig Rittern« verwandt und seines Zeichens ein Wetterprophet. Allein das ist kein fettes Amt, und deshalb lobte er auch die Fastenzeit über die Maßen. Er trug einen Veilchenstrauß im Knopfloch. Die Veilchen waren jedoch noch sehr klein.

»Vorwärts, *März!*«, rief der Vierte und gab dem Dritten einen Puff. »Vorwärts, Marsch! Hinein in die Wachstube! Da gibt's Punsch; der Duft steigt mir schon in die Nase!« Das war aber gar nicht wahr, sondern der *April* wollte den März nur in den April schicken, und mit diesem Witz stellte er sich vor. Er machte anfangs einen recht guten Eindruck; mit seiner Arbeit war es jedoch nicht weit her. Dafür hielt er alle Feiertage sehr streng ein. »Bei mir geht es immer so auf und ab«, sagte er, »heute so, morgen so! Regen und Sonnenschein, Auszug und Einzug wechseln miteinander ab. Ich bin auch Güterbeförderer. Ich kann lachen und weinen, wie man's will. In meinem Koffer habe ich meine Sommerkleider, aber es wäre sehr unklug, wenn ich sie jetzt schon anziehen würde. Hier bin ich, und wenn ich mich feinmachen will, zieh ich seidene Strümpfe an und nehme meinen Muff!«

Jetzt stieg eine Dame aus dem Wagen. »Ich bin Fräulein Mai!«, sagte sie. Ja, Fräulein *Mai* in Sommerkleidern und Galoschen! Sie hatte ein hellgrünes, seidenes Gewand an. Ihr Haar war mit Blumen geschmückt und duftete so stark nach Waldmeister, dass die Schildwache niesen musste.

»Prosit! Zur Gesundheit!«, sagte sie. Damit trat sie näher. Sie war allerliebst und dazu noch eine Sängerin; aber keine vom Theater oder eine Bänkelsängerin, o nein! Eine wahre Sängerin von Gottes Gnaden! Sie wandelte durch den frischen grünen Wald und sang zu ihrem eigenen Vergnügen die allerschönsten Lieder.

»Jetzt kommt die junge Frau!«, rief man drinnen im Wagen, und darauf stieg eine junge, feine, vornehme und hübsche Frau aus, nämlich Frau *Juni*. Da konnte man wohl sehen, dass sie dazu geboren war, die »Siebenschläfer« zu feiern. Am längsten Tag des Jahres hielt sie ein großes Fest, damit man Zeit habe, sich alle die feinen Gerichte recht gut schmecken zu lassen. Auch wäre sie reich genug gewesen, um im eigenen Wagen zu reisen, fuhr aber wie die andern mit der Post; denn sie wollte dadurch zeigen, dass sie nicht hochmütig sei. Ganz allein reiste sie aber doch nicht, sondern vielmehr mit ihrem jüngeren Bruder *Julius*.

Dieser sah nicht aus, als ob er Hunger leiden müsste. Er war im Gegenteil wohlgenährt, trug Sommerkleider und einen Panamahut. Auch hatte er nur ganz wenig Gepäck bei sich; das war ihm bei der Hitze zu beschwerlich: Bademantel und Schwimmhosen, das war alles; und das ist nicht besonders viel.

Nun kam Mutter *August*, die Obsthändlerin en gros, die Besitzerin vieler Fischkästen, eine Bäuerin in einer großen Krinoline. Sie war dick und erhitzt, legte überall

selbst Hand mit an und brachte den Arbeitern den Vespertrunk selbst auf das Feld hinaus. »Im Schweiße deines Angesichts sollst du dein Brot essen, so steht es in der Bibel«, sagte sie, »dann darf man nachher auch Wald- und Erntefeste feiern.« Ja, sie war das Muster einer guten Hausfrau!
Jetzt kam wieder ein Mann, der war seines Zeichens ein Maler, der Herr Farbenkünstler *September*. Das erfuhr auch schon der Wald nach wenigen Tagen; denn die Blätter mussten alle ihre Farbe verändern. Aber er malte wunderschön, wenn es ihm darum zu tun war, und bald leuchtete der Wald in roten, gelben und braunen Farben. Der Meister pfiff mit den schwarzen Staren um die Wette, war flink bei der Arbeit und schlang eine braungrüne Hopfenranke um seinen Bierkrug; da sah der Krug noch mal so hübsch aus. Ja, dafür hatte der Maler ein Auge! Da stand er nun mit seinem Farbentopfe, das war sein ganzes Gepäck.
Gleich nach ihm kam ein Gutsbesitzer, der nur an die Saatzeit, an das Bepflügen und Bebauen der Felder, aber doch auch ein klein wenig an das Jagdvergnügen dachte. Hund und Büchse hatte der Herr *Oktober* bei sich und einen ganzen Sack voll Nüsse: knick, knack! Er hatte überhaupt entsetzlich viel Gepäck, sogar einen englischen Pflug. Sein ganzes Gespräch drehte sich um die Landwirtschaft, aber man verstand nicht viel davon; denn sein Nachbar, der *November*, saß hustend und stöhnend da und schnäuzte sich die ganze Zeit die Nase.

Ach, der November – er hatte Schnupfen, so schrecklichen Schnupfen, dass er eigentlich ein Laken anstatt des Schnupftuchs gebraucht hätte, und doch sollte er überdies noch bei den Dienstmädchen den »gehorsamen Diener« machen, wie er sagte.

Indes hoffte er, den Schnupfen bald loszuwerden, wenn er erst tüchtig Holz hackte. Und das tat er auch; denn er war ein Holzsägemeister. Des Abends saß er daheim und verfertigte Schlittschuhe; er wusste wohl, dass man in wenigen Wochen für dieses vergnügliche Schuhwerk Verwendung haben würde.

Nun kam der letzte Passagier an die Reihe: das alte Großmütterchen *Dezember* mit der Wärmepfanne. Die gute Alte fror, aber ihre Augen strahlten wie zwei helle Sterne. Sie trug einen Blumentopf mit einem kleinen Tannenbäumchen im Arm. »Das will ich pflegen und warten, damit es bis zum Weihnachtsabend groß wird und mit brennenden Kerzen, vergoldeten Äpfeln und anderm glänzenden Schmuck verziert vom Boden bis zur Decke reicht. Die Kohlenpfanne wärmt wie ein Ofen! Ich ziehe dann mein Märchenbuch aus der Tasche und lese den Kindern vor, sodass alle Kinder in der Stube ganz still, die Püppchen auf dem Baume aber lebendig werden und der kleine Wachsengel oben an der Spitze seine Flügel aus Flittergold bewegt, von dem großen Baume herunterfliegt, Groß und Klein im Zimmer auf die Stirne küsst; ebenso die armen Kinder, die vor der Türe stehen und das Weihnachtslied von dem Stern über Bethlehem singen.«

»So, nun kann die Kutsche abfahren!«, sagte die Schildwache. »Das Dutzend ist jetzt voll. Nun kommt der nächste Wagen an die Reihe.«

»Lass doch die zwölf wieder hereinkommen!«, sagte der wachhabende Hauptmann. »Immer einer nach dem andern! Die Pässe behalte ich hier, sie sind immer nur auf einen Monat ausgestellt, und wenn dieser um ist, werde ich ihn bescheinigen. Bitte, Herr *Januar*, treten Sie gefälligst ein!« Und so trat dieser ein.

– Wenn nun das Jahr herum ist, so will ich dir sagen, was die zwölf dir und mir und uns allen gebracht haben. Jetzt weiß ich es noch nicht, und sie wissen es wohl selbst noch nicht – denn es ist eine merkwürdige Zeit, in der wir leben.

ROBERT WALSER

Winter

Im Winter machen sich die Nebel breit. Wer darin geht, spürt unwillkürlich ein Frösteln. Die Sonne beehrt uns mit ihrer Gegenwart nur selten. Man fühlt sich alsdann gewissermaßen begnadet, wie von dem Auftreten einer schönen Frau, die sich kostbar zu machen weiß.
Winter ragt durch die Kälte hervor. Hoffentlich sind alle Stuben geheizt, alle Mäntel übergeworfen. Pelze, Pantoffeln gewinnen an Wichtigkeit, Feuer an Reiz, Wärme an Nachfrage. Winter hat lange Nächte, kurze Tage und kahle Bäume. Kein grünes Blatt kommt mehr vor. Dagegen kommt vor, daß Seen und Flüsse gefrieren, was etwas sehr Angenehmes nach sich zieht, nämlich den Schlittschuhsport. Fällt Schnee, so kommt Schneeballwerfen in Frage. Dies ist ein Zeitvertreib für Kinder, während Erwachsene lieber einen Stumpen rauchen, am Tisch sitzen und Karten spielen oder an seriösen Gesprächen Geschmack finden. Nebenbei sei Schlitteln erwähnt, woran mancher Spaß hat. Herrliche, sonnige Wintertage gibt's. Auf gefrornem Boden klirren die Schritte. Liegt Schnee, so ist alles weich, du gehst wie auf Teppichen. Schneelandschaften haben eine eigene Schönheit. Alles sieht feierlich, festlich aus. Weihnachtszeit ist namentlich für Kinder entzückend. Da strahlt der Weihnachtsbaum, d. h. mehr die Kerzen, die die Stube mit einem Frömmigkeits- und Schönheitsglanz er-

füllen. Welcher Liebreiz! Die Tannzweige sind mit Naschwerk behängt. Zu nennen sind Engelchen aus Schokolade, zuckrige Würstchen, Basler Leckerli, in Silberpapier gewickelte Walnüsse, rotbackige Äpfel. Um den Baum sind die Familienglieder versammelt. Die Kinder sagen auswendiggelernte Gedichte auf. Nachher zeigen ihnen die Eltern ihre Geschenke, etwa mit den Worten: »Bleibe brav, wie du es bisher warst«, und küssen das Kind, worauf das Kind die Eltern küßt und vielleicht alle, bei so schönen Umständen und tiefempfundenen Dingen, eine Zeitlang weinen und einander mit zitternder Stimme Dank sagen und kaum wissen, warum sie's tun, es aber richtig finden und glücklich sind. Sieh, wie mitten im Winter die Liebe strahlt, die Helligkeit lächelt, die Wärme glänzt, die Zärtlichkeit blitzt und alles Hoffenswerte und Gütige dir entgegenleuchtet. Schnee fällt nicht Knall auf Fall, sondern langsam, d. h. nach und nach, will sagen flockenweise zur Erde. Da fliegt eins ums andere wie in Paris, wo es nicht so viel schneit wie z. B. in Moskau, von wo einst Napoleon seinen Rückzug antrat, weil er ihn für ratsam hielt. Auch in London schneit's, wo ehemals Shakespeare lebte, der das »Wintermärchen« dichtete, ein von

Lustigkeit und Ernst gleicherweise glitzerndes Stück, worin sich ein Wiederfinden abspielt, bei dem einer der Mitwirkenden dasteht, »wie ein Brunnenbild von manches Königs Regierung her«, wie es im Text heißt.

Ist Schneien nicht ein allerliebstes Schauspiel? Gelegentlich einmal eingeschneit zu werden, schadet sicher nicht viel. Vor Jahren erlebte ich eines Abends ein Schneegestöber in der Friedrichstraße zu Berlin, was mir stark in Erinnerung blieb.

Kürzlich träumte mir, ich flöge über eine runde, zarte Eisfläche, die dünn und durchsichtig war wie Fensterscheiben und sich auf- und niederbog wie gläserne Wellen. Unter dem Eise wuchsen Frühlingsblumen. Wie von einem Genius gehoben, schwebte ich hin und her und war über die ungezwungene Bewegung glücklich. In der Mitte des Sees war eine Insel, auf der ein Tempel stand, der sich als Wirtshaus entpuppte. Ich ging hinein, bestellte Kaffee und Kuchen und aß und trank und rauchte hierauf eine Zigarette. Als ich wieder hinausging und die Übung fortsetzte, brach der Spiegel, und ich sank in die Tiefe zu den Blumen, die mich freundlich aufnahmen.

Wie schön ist's, daß dem Winter jedesmal der Frühling folgt.

FRANZ HOHLER

Wo die Kälte herkommt

Ganz weit oben in Nordgrönland sitzt auf einem Eisberg die Kältehummel. Sie ist 30 000 Kilo schwer und möchte gerne fliegen. Ihre Flügel sind aber viel zu schwach. Trotzdem läßt sie sie dauernd auf und ab schwirren, weil sie hofft, es gelinge ihr eines Tages doch noch. Dadurch bewegt sie die eiskalte Luft so stark, daß diese bis zu uns kommt. Den ganzen Winter lang übt die Kältehummel, bis sie im Frühling erschöpft einschläft. Zum Glück, denn sonst hätten wir keinen Sommer. Im Sommer schläft die Kältehummel und träumt, sie könne fliegen. Ein Schläuling, der nicht gerne fror, schickte ihr einmal ein Paket voll Schlaftabletten, weil er hoffte, sie schlafe dann auch im Winter. Aber der Briefträger war ein Eisbär, und der war so neugierig, daß er das Paket aufmachte und alle Tabletten selber schluckte. Seither wird in Nordgrönland keine Post mehr ausgetragen, denn der Eisbär schläft noch heute, und weil er der einzige ist, der weiß, wo die Kältehummel wohnt, kann niemand sagen, wie es ihr jetzt geht, aber solang es jedes Jahr Winter wird, können wir annehmen, daß sie noch lebt.

GITTA EDELMANN

Das neue Jahr

Das neue Jahr steht vor der Tür.
Es klopft - was soll ich machen?
Es bringt in seinem großen Sack
gar wunderliche Sachen:

Ein Päckchen Krankheit ist dabei,
ich hoff, es ist recht klein,
ein Fläschchen Tränen bringt es auch,
wie könnt' es anders sein.

Vier Jahreszeiten, Sonnenschein,
dazu ein Päckchen Regen,
Geburtstag und manch andres Fest,
viel Freude, Gottes Segen.

Mein Herz pocht laut, die Spannung steigt,
wie wird die Zukunft sein?
Das neue Jahr steht vor der Tür,
ich öffne, lass es ein!

KURT TUCHOLSKY

Neues Leben

Berlin, den 31. Dezember 1920
Berlin, den 31. Dezember 1921
Berlin, den 31. Dezember 1922
Berlin, den 31. Dezember 1923
Berlin, den 31. Dezember 1924
Berlin, den 31. Dezember 1925
(abends im Bett).

Von morgen ab fängt ein neues Leben an.
Der Doktor Bergmann hat einen ordentlichen Schreck bekommen, als er mich ansah, und ich bekam einen noch viel größeren. »Was machen Sie denn, lieber Freund?«, fragte er leise. »Was … was ist denn, Doktor?«, sagte ich. »Haben Sie etwas mit der Leber?«, fragte er. »Ihre Augen gefallen mir gar nicht. Kommen Sie mal in den nächsten Tagen zu mir!« Natürlich gehe ich hin. Ich weiß schon, was er mir sagen will, und er hat auch ganz recht. So geht das nicht mehr weiter.
Also von morgen ab hört mir das mit dem Bier bei Tisch auf. Wenn mir Mutter wieder Hamann-Schokolade durch Emmy schicken lässt, gebe ich sie den Kindern. Und Edith darf nicht mehr so fett kochen. Gestern hab ich ihr noch gesagt … Nein, gestern hab ich gefragt, ob noch Stopfleber da ist – das ist wahr. Aber das hört mir jetzt auf.

Der Sandow-Apparat – wo ist der Sandow-Apparat? Er liegt auf dem Boden. Das Mädchen soll ihn morgen herunterholen. Von morgen ab fange ich wieder an, regelmäßig jeden Morgen zu turnen. (»Wieder« – denke ich deshalb, weil ich mir das schon so oft vorgenommen habe.)
Und fünfzig Kniebeugen, wenn ich fleißig trainiere, kann ich's mit Leichtigkeit auf hundert bringen. Ich war doch ein sehr guter Turner, seinerzeit – wenn ich nicht gerade dispensiert war. Na ja, aber heute ist das ja ganz was anderes.
Von morgen ab stehe ich früh auf. Dieses ewige Lange-im-Bett-herum-Geliege – das führt ja zu nichts. Ich stehe einfach um sechs auf, turne ordentlich, dann schön brausen und frottieren – ah – darauf freue ich mich. Ob ich nicht doch anfangen soll, zu reiten …? Na, das ist vielleicht zu teuer – aber ein Stündchen durch den Tiergarten – großartig! Ich werde ins Geschäft gehen! Das härtet ab – in drei Monaten bin ich ein anderer Kerl. Schlank, elegant, gesund – Bergmann wird sich wundern.
Von morgen ab nehme ich den spanischen Unterricht wieder auf. Jeden Tag abends im Bett ein halbes Stündchen Spanisch – das geht ganz gut und bringt einen auf andere Gedanken. Dann kann ich die Reise nach Südamerika machen – ich werde Edith nichts sagen – das wird eine Überraschung, wenn ich auf dem Dampfer so ganz lässig Spanisch spreche … Als ob sich das von selbst verstände … Hähä …
Übermorgen fängt ein neues Jahr an – ich werde ein anderer Mensch.

Von übermorgen ab wird das alles ganz anders. Also erst mal muss die Bibliothek aufgeräumt werden – das wollte ich schon lange. Aber jetzt geht's los. Von übermorgen ab mache ich nicht mehr diese kleinen Läpperschulden – eigentlich sind das ja gar keine Schulden –, aber ich will das nicht mehr. Und die alten bezahle ich alle ab. Alle. Von übermorgen ab höre ich wieder regelmäßig bildende Vorträge – man tut ja nichts mehr für sich. Ich will wieder jeden Sonntag ins Museum gehen, das kann mir gar nichts schaden. Oder lieber jeden zweiten Sonntag – den anderen Sonntag werden wir Ausflüge machen –, man kennt die Mark überhaupt nicht. Ja, und neben die Waschtoilette kommt mir jetzt endlich die Tube mit Vaseline – das macht die raue Haut weich, so oft habe ich das schon gewollt. Übermorgen ist frei – da setze ich mich hin und lerne Rasieren. Diese Abhängigkeit vom Friseur… Außerdem spart man dadurch Geld. Das Geld, was ich mir da spare – davon lege ich eine kleine Kasse an – für die Kinder. Ja. Das ist für die Ausstattung, später. Von übermorgen ab beschäftige ich mich mit Radio, ich werde mir ein Lehrbuch besorgen und mir den Apparat selbst bauen. Die gekauften Apparate… das ist ja nichts. Ja, und wenn ich morgens durch den Tier-

garten gehe, da werde ich vorher Karlsbader Salz nehmen – so weit ist es bis zum Geschäft gar nicht ...

Man kommt eben zu nichts. Das hört jetzt auf.

Denn die Hauptsache ist bei alledem: Man muss sich den Tag richtig einteilen. Ich lege mir ein Büchelchen an, darin schreibe ich alles auf – und dann wird jeden Tag unweigerlich das ganze Programm heruntergearbeitet – unweigerlich. Von morgen ab. Nein, von übermorgen ab. Im nächsten Jahr ... Huah – bin ich müde. Aber das wird fein: kein Bier, keine Süßigkeiten, turnen, früh aufstehen, Karlsbader Salz, durch den Tiergarten gehn, Spanisch lernen, eine ordentliche Bibliothek, Museum, Vorträge, Vaseline auf den Waschtisch, keine Schulden mehr, Rasieren lernen, Radio basteln – Energie! Hoppla! Das wird ein Leben!

Anmerkung des Uhu: Wir wollen mal nächstes Jahr wieder vorbeifliegen.

DORA HELDT

Glücksbringer

Es ist nicht so, dass ich abergläubisch bin. Ganz bestimmt nicht. Also zumindest nicht im normalen Leben. Die einzige Ausnahme ist vielleicht Silvester. Da bin ich schon der Meinung, dass man auf bestimmte Dinge achten sollte. Es gibt nämlich Bräuche und Riten, die befolgt werden müssen, um einem Glück für das neue Jahr zu garantieren.
Sie brauchen ein Beispiel? Gern. Vor ein paar Jahren hat mir Freundin Nele zu Weihnachten rote Unterwäsche geschenkt. Für Silvester. Brasilianische, italienische und chilenische Frauen tragen die nämlich in der Silvesternacht und hoffen so auf Liebesglück im neuen Jahr. Ich habe sie also angezogen – und im Juni meinen Liebsten getroffen. Hat also geklappt.
Chinesinnen werfen übrigens aus demselben Grund Mandarinen ins Meer, falls Ihnen das mit der roten Wäsche nicht gefällt. Aber ich trage jetzt immer Rot. Falls Sie sich allerdings Geld oder einen tollen Job wünschen, dann essen Sie Linsen. Als Suppe, als Gemüse, als Salat, ganz egal, Hauptsache Linsen. Das machen die Amerikaner so am letzten Tag des Jahres – und meine Freundin Anna bekam im letzten Jahr nach der Linsensuppe ihren Traumjob.
Aus Spanien kommt der Brauch, um Mitternacht bei jedem Glockenschlag eine Weintraube zu essen und sich dabei etwas zu wünschen. Axel, der Mann von Anna, hat das

mit Bravour gemeistert und sich einen Induktionsherd gewünscht. Und was soll ich sagen? Er hat ihn beim Preisausschreiben eines Möbelhauses gewonnen. Wegen der Weintrauben, garantiert!

In meinem Freundeskreis haben wir vor langer Zeit den schönen Brauch eingeführt, dass jeder zwei Raketen bekommt. An die eine wird ein Zettel geklebt, auf dem alles notiert ist, was im letzten Jahr nicht schön war und deshalb abgeschafft gehört. An die zweite Rakete kommt ein Zettel mit den Wünschen fürs neue Jahr. Zuerst wird das Schlechte in den Himmel geschossen, anschließend folgen die schönen Dinge. Ich bin der festen Überzeugung, dass viele von den wunderbaren Ereignissen der letzten Jahre auf einem unserer Zettel gestanden haben.

Der einzige Nachteil, den all diese Rituale mit sich bringen, ist die Tatsache, dass es relativ kompliziert ist, eine Einladung zu einer Silvesterparty anzunehmen. Im letzten Jahr wurden Nele und ich etwas schief angesehen, als wir unsere Tupperdosen mit Linsen und Weintrauben, unsere Notizzettel, die Stifte, den Draht und die Raketen auspackten. Vorsichtshalber hatte Nele auch noch einen Beutel Mandarinen mit, denn sie wollte ganz sichergehen.

Um Mitternacht waren die Weintrauben dann jedoch verschwunden, was uns völlig aus der Bahn warf. Irgendjemand hatte sie schon vorher gegessen. Und Nele ist immer

noch Single, weil ihre rote Unterwäsche blaue Träger hatte und wir die Mandarinen nicht ins Meer werfen konnten. Dieses Jahr gehen wir deshalb kein Risiko ein. Wir feiern bei mir und gehen um Mitternacht Weintrauben essend, mit Mandarinen und beschrifteten Raketen an die Alster. Das wäre doch gelacht, wenn das nächste nicht unser Jahr würde. In diesem Sinne, rutschen Sie gut hinein, Sie wissen ja jetzt, was zu tun ist.

 Quellen

Claire Beyer, Angelo, aus: Weihnachten auf Besuch.
© bei der Autorin.

Gitta Edelmann, Das neue Jahr.
© bei der Autorin.

Rita Fehling, Plätzchenduft liegt in der Luft.
© bei der Autorin.

Dora Heldt, Glücksbringer, aus: Dora Heldt, Schnee ist auch nur hübsch gemachtes Wasser. Wintergeschichten.
© dtv Verlagsgesellschaft mbH & Co.KG, 2017, München, S. 119–123, mit freundlicher Genehmigung von dtv Verlagsgesellschaft mbH & Co. KG.

Hermann Hesse, »Wintertage in Graubünden«,
aus: ders., Sämtliche Werke in 20 Bänden.
Herausgegeben von Volker Michels.
Band 13: Betrachtungen und Berichte 1899-1926. S. 122–126.
© Suhrkamp Verlag Frankfurt am Main 2003. Alle Rechte bei und vorbehalten durch den Suhrkamp Verlag Berlin.

Franz Hohler, Woher die Kälte kommt.
© beim Autor.

Mascha Kaléko, Betrifft: Erster Schnee.
Aus: Mascha Kaléko, Das lyrische Stenogrammheft.
Kleines Lesebuch für Große, Hrsg. Gisela Zoch-Westphal.
© dtv Verlagsgesellschaft mbH & Co. KG, 2016 München.
Mit freundlicher Genehmigung von dtv Verlagsgesellschaft mbH & Co. KG.

Marie Luise Kaschnitz, Das Wunder,
aus: Marie Luise Kaschnitz, „Eines Mittags, Mitte Juni",
Textauszug ungekürzt, S. 127–135,
Claassen (Imprint), Ullstein Verlag 2001.
© MLK-Erbengemeinschaft München

Christine Klein, Oh du fröhliche ärgert sich.
© bei der Autorin.

Regine Kölpin, Weihnachten am Meer.
© bei der Autorin.

Paul Maar, Der doppelte Weihnachtsmann,
© Paul Maar

Barbara Pronnet, Das Weihnachtsglühwürmchen.
© bei der Autorin.

Hansjörg Schneider, Weiß wie Schnee,
aus: Hansjörg Schneider: Im Café und auf der Straße.
© 2019 Diogenes Verlag AG Zürich.

Robert Walser, »Winter«,
aus: Robert Walser, Sämtliche Werke in Einzelausgaben.
Herausgegeben von Jochen Greven. Band 16: Träumen.
Mit freundlicher Genehmigung der Robert Walser-Stiftung,
Bern. © Suhrkamp Verlag Zürich 1978 und 1985.

Wir danken den Autoren und Autorinnen für die freundliche
Abdruckgenehmigung.